.

Isolde Charim

Ich und die Anderen

Wie die neue Pluralisierung
uns alle verändert

Paul Zsolnay Verlag

Gefördert von der Kulturabteilung der Stadt Wien,
Wissenschafts- und Forschungsförderung

Die Autorin wurde von der Stadt Wien durch ein Forschungs-
stipendium unterstützt.

Ausgangspunkt des Buches waren die gleichnamigen Sommervorlesungen, die im Sommer 2016 in Ö1 zu hören waren.

5. Auflage 2022

ISBN 978-3-552-05888-0
Satz: Eva Kaltenbrunner-Dorfinger, Wien
Autorenfoto: © Daniel Novotny
Umschlag: Anzinger und Rasp, München
Druck und Bindung: CPI books GmbH, Leck
Printed in Germany

Für Moritz und Noah

Inhalt

Vorwort

Die ungarische Philosophin Ágnes Heller hat einmal erzählt, dass sie mit zwanzig Jahren zum ersten Mal in ihrem Leben einen Schwarzen gesehen hat. Das war ein Besucher. Denn »so jemanden« gab es im damaligen Budapest nicht. Wenn man heute mit westeuropäischen Kindern spricht – in großen Städten, aber zunehmend auch in kleineren Orten –, dann erzählen diese Kinder von ihren Schulklassen, wo es fünf, sechs, sieben verschiedene Sprachen gibt: Deutsch, Serbisch, Bulgarisch, Arabisch, aber auch Chinesisch, Italienisch und Französisch. Und ebenso verhält es sich bei den Herkunftsländern, bei den Hautfarben und den Religionen. Was für eine Veränderung!

Die Welt der jungen Ágnes Heller, aber auch die Welt meiner Wiener Kindheit ist versunken – ebenso versunken wie die DDR. Im Fall der DDR war ich an Ort und Stelle – am Tag, besser gesagt in der Nacht ihres Untergangs. Am 9. November 1989. Am Checkpoint Charlie und in Ostberlin. Da konnte man in Realzeit sehen, wie eine Macht implodiert. Für das Ende des früheren Europas, des früheren Wiens lässt sich kein Moment, kein Datum angeben.

Dieses Versinken war kein punktuelles Ereignis, sondern eine schleichende Entwicklung, die man erst bemerkte, nachdem sie sich vollzogen hatte. Man war also gewissermaßen gar nicht dabei, als die österreichische, die Wiener, die europäische Welt eine andere wurde – auch wenn man an Ort und Stelle war. Weil man es nicht bemerkte. Man war gar nicht dabei, als man selber ein anderer wurde, weil man es nicht mitbekommen hat. Auch wenn diese Veränderung ebenso massiv war wie der Fall der Berliner Mauer – die Veränderung, die die Pluralisierung bedeutet. Man hat sie nicht erlebt. Sie ist einem widerfahren. Eines Tages ist man in einer neuen Welt und als eine neue Person aufgewacht.

So eine grundlegende Veränderung war innerhalb eines Menschenlebens möglich. In ein und demselben Leben konnte man die Erfahrung der jungen Ágnes Heller machen, also die Erfahrung einer relativ homogenen, einer relativ einheitlichen Gesellschaft, und im selben Leben kann man unsere heutige Erfahrung machen. Diese unsere heutige Erfahrung lässt sich in einem Satz zusammenfassen: Wir leben in einer pluralisierten Gesellschaft.

Kapitel 1

Ein Blick zurück: Die Illusion der homogenen Gesellschaft

Wir leben in einer pluralisierten Gesellschaft. Das ist nicht nur ein relativ neues Faktum. Das ist auch ein unhintergehbares Faktum: Es gibt keinen Weg zurück in eine nicht-pluralisierte, in eine homogene Gesellschaft. Das ist eine einfache Feststellung. Nicht ganz so einfach ist die Klärung der Frage, was das genau bedeutet: Was ist eine pluralisierte Gesellschaft? Welche Auswirkungen hat das für jeden von uns? Oder anders gefragt: Was heißt es eigentlich, in einer solchen Gesellschaft zu leben?

Um diese Frage zu beantworten oder um sich einer Antwort auch nur zu nähern, muss man zuerst einmal einen Blick zurück werfen. Um die Reichweite und das ganze Ausmaß der Neuheit zu ermessen, muss man sich den »prä-pluralen« Gesellschaften, also den Gesellschaften Westeuropas vor ihrer Pluralisierung zuwenden. Denn diese geben das Vergleichsmodell ab. Diese homogenen Gesellschaften, also diese Gesellschaften einer relativen ethnischen, religiösen und kulturellen Einheitlichkeit sind gewissermaßen die Negativfolie. Der Hintergrund, von dem sich unsere heutige, unsere pluralisierte Gesellschaft abhebt.

Diese homogenen Gesellschaften waren nicht einfach da. Sie sind nicht einfach gewachsen, sozusagen natürlich. Sie mussten vielmehr erst hergestellt werden. Dazu hat es vieler politischer Eingriffe bedurft. Oftmals brutaler und repressiver Eingriffe. Homogene Gesellschaften sind also das Resultat von bewusstem politischen Handeln. Ein anderes Wort für diesen Vorgang lautet: Nationenbildung.

Es gibt eine Vielzahl hervorragender historischer Studien, die belegen, welcher symbolischen und materiellen Gewalt es bedurfte, um die Nationenbildung seit dem 19. Jahrhundert voranzutreiben. Die Nationenbildung war eine künstliche Vereinheitlichung. Eine Vereinheitlichung, die erst durchgesetzt werden musste. Durchgesetzt gegen eine vorhandene Vielfalt. Dazu bedurfte es eines massiven Vorgehens, eines Vorgehens auf vielen Ebenen und in unterschiedlichen Bereichen: Es brauchte eine materielle, eine emotionale und eine kulturelle Vereinheitlichung.

Nehmen wir etwa die Sprache. Was für ein langwieriger Vorgang war es, all die regionalen Sprachen, all die Dialekte einzuhegen oder auszugrenzen, um eine einheitliche Hochsprache als Landessprache durchzusetzen.

Oder nehmen wir etwas scheinbar Einfaches wie einen Zugfahrplan: Wie viel muss so einem Fahrplan an Vereinheitlichung, an materieller, gegenständlicher Vereinheitlichung vorangehen, damit er funktioniert? Da braucht es die Durchsetzung eines minutengenauen Zeitbewusstseins, die Informationen über Ankünfte und Abfahrten müssen zirkulieren, und sie müssen für alle einsehbar sein. So etwas Einfachem wie einem Zugfahrplan geht eine große materielle, physische Anstrengung voraus: die Anstrengung, eine ganze Gesellschaft auf einen Takt zu stimmen.

Aber diese Anstrengung allein reicht nicht aus. Eine homogene Gesellschaft muss nicht nur materiell vereinheitlicht werden. Sie muss auch emotional in Einklang gebracht werden. Die Einheit einer Gesellschaft muss auch in den Gefühlen verankert werden. Ein ganzes Set an Akteuren – von der Literatur über die Musik, die Bildung bis hin zu den Schulen haben daran mitgewirkt. Etwa indem sie eine zentrale Kategorie der Nation aufgeladen haben: das Territorium. Dazu wurden Orte, Orte wie Grenzen, Landschaften, Städte, Flüsse emotional besetzt. Die emotionale Imagination der Nation vollzieht sich also – auch – im Medium der Territorialisierung nationaler Emotionen, der Rückbindung von Gefühlen an den Raum. Dies vollzieht sich mittels vieler ganz konkreter Praktiken. Natürlich in den Schulen, aber auch bei ganz banalen Alltäglichkeiten – etwa beim Wetterbericht, wie Benedict Anderson berichtete, wo die Umrisse, also die Grenzen des Territoriums eingeprägt und als ein kompakter, eigener (Wetter-)Raum vermittelt werden. So viele, so vielfältige Einübungen in die emotionale Besetzung des Raums. Erst wenn das gelingt, erst wenn es gelingt, die Gefühle mit der Geografie zu verbinden, sind Orte nicht mehr einfach irgendwelche Orte. Erst dann werden sie zu Symbolen.

Die Nationenbildung hat also das Staatsgebiet verdoppelt: Sie hat dem materiellen ein symbolisches Territorium hinzugefügt, um es zu jenem Gebiet zu machen, an das die Gefühle andocken konnten.

Natürlich ist die Behauptung solch einer Homogenität sehr leicht zu widerlegen. Viele Kritiker haben der Nation vorgeworfen, dass sie ihre Homogenität nie wirklich erreicht hätte. Die Einheitlichkeit der Gesellschaft bleibt immer bis zu einem gewissen Grad eine Fiktion – eine Fiktion, die durch massive politische Eingriffe immer wieder hergestellt werden musste. Selbst dort, wo die Nationenbildung äußerst erfolgreich war. Ein ganzes Genre der kritischen Geschichtswissenschaften hat sich diesem Nachweis gewidmet: Die Nation war niemals vollständig. Die homogene Gesellschaft war also niemals gänzlich homogen. Aber all diese Erkenntnisse einer kritischen Geschichtsforschung reichen nicht aus. Denn sie übersehen etwas

Wesentliches, etwas, das man nicht unterschätzen darf: Es war eine funktionierende Fiktion.

Die Vorstellung einer homogenen Gesellschaft mag immer eine Fiktion gewesen sein. Aber es war eine Fiktion, die funktioniert hat. Die Nation war sogar eine äußerst funktionsfähige Fiktion.

Seit Benedict Anderson wissen wir: Die Nation ist eine »imagined community« – eine vorgestellte Gemeinschaft. Dieser Titel seines wohl bekanntesten Buches (1983) ist zu einem geflügelten Wort geworden. »Imagined community« bedeutet, dass die Nation als Vorstellung, als Imagination funktioniert. Man könnte auch sagen: Die Grundlage des politischen Gebildes »Nation«, die Grundlage der homogenen Gesellschaft war die politische Vorstellungskraft. Die Leute haben an die Nation geglaubt. Sie haben an die Nation als an eine Realität geglaubt. Und deshalb hat die Nation, so fiktiv sie auch immer gewesen sein mag, funktioniert. Deshalb hat diese Vorstellung, die Vorstellung »wir sind eine Nation«, tatsächlich eine nationale Gesellschaft hervorgebracht. Das heißt nicht, dass die Homogenität jemals wirklich vollständig erreicht wurde. Es gab immer Abweichungen von der Homogenität. Aber die Nation war *die* politische Form, um eine vielfältige, eine heterogene Masse zu verbinden, zu integrieren. Sie war *die* politische Erzählung, um die Massen zu einer Gesellschaft zu machen.

In der Literatur wird diese Form der nationalen Imagination immer an Andersons Behauptung festgemacht, die imaginierte Gemeinschaft funktioniere, weil die Mitglieder einer Nation in der Illusion leben würden, alle anderen Mitglieder zu kennen. Insofern sei die Nation eben imaginiert. Und insofern sei sie auch eine Gemeinschaft. Warum aber konnten die Leute das glauben? Die Illusion, dass man alle Mitglieder seiner eigenen Nation kennt, konnte funktionieren, weil die Nation eben nicht nur eine materielle Vereinheitlichung ist – also die Vereinheitlichung von Sprache, Zeit und Raum. Sie konnte funktionieren, weil die Nation nicht nur eine emotionale Vereinheitlichung ist, die ihren Raum und ihre Symbole emotional besetzt. Die Nation brauchte vielmehr noch eine weitere, eine dritte Vereinheitlichung, und das ist eine kulturelle. Diese ist nicht in erster Linie im Sinne einer üppigen, traditionsreichen Hochkultur zu verstehen. Die kulturelle Vereinheitlichung hat sich massenwirksam ganz anders durchgesetzt denn als Hochkultur. Sie hat vielmehr einen Typus entwickelt, den nationalen Typus. Dieser ist ein Typus mit eindeutigen Identitätsmerkmalen. Ein Typus mit ganz klar definierten Eigenheiten. Zum Beispiel der Typus *des* Österreichers. Oder der Typus *des* Deutschen.

Aber was genau ist das, dieser nationale Typus?

An dieser Stelle gilt es, eine kurze Anmerkung zu machen. Es gab historisch zwei Bewegungen, die kongruierten: die Demokratisierung der europäischen Gesellschaften und deren Nationalisierung. Diese sind historisch gemeinsam aufgetreten. Eine Verbindung, die Jürgen Habermas »die geschichtliche Symbiose des Republikanismus mit dem Nationalismus«[1] nennt, die Koppelung des demokratischen politischen Prozesses mit der nationalen Mehrheitskultur. Nun ist es aber so, dass diese beiden Prozesse zwar gleichzeitig aufgetreten sind, identitätspolitisch aber ganz unterschiedlich sind. Mehr noch: Identitätspolitisch sind Nation und Demokratie sogar gegenläufig. Denn was passiert da in Bezug auf die Identitätsbildung des Einzelnen?

Wir alle, die wir in westlichen, also in demokratischen Nationen leben, wir alle sind bekanntlich verdoppelt: Wir sind Bourgeois und Citoyen, also Bürger und Staatsbürger zugleich. Als Bürger sind wir Privatpersonen. Einzelne mit ganz bestimmten Merkmalen. Mit Merkmalen, die uns unterscheiden: Wir sind Mann oder Frau, arm oder reich, Beamter, Bauer, Lehrer. Was auch immer. Als Citoyen jedoch, also als Staatsbürger, als öffentliche Personen, da sind wir alle gleich. Und genau darin besteht ja das demokratische Moment: Es macht uns zu abstrakt Gleichen.

Demokratie, wie wir sie bisher kannten, ist die Herstellung solch eines »Individuums des Universellen«, wie Pierre Rosanvallon[2] das genannt hat. Die Herstellung des politischen Subjekts als Staatsbürger und Wähler, die Herstellung des juristischen Subjekts als Rechtssubjekt. Demokratie bedeutet die Individualisierung der Gesellschaft. Man muss also festhalten, dass die Individualisierung nicht erst mit unserer Gesellschaft aufkommt, sondern eine viel ältere Bewegung ist, die bereits um 1800 herum entstand.

In dieser Bewegung, die man als das erste Zeitalter des Individualismus bezeichnen könnte, tritt der Einzelne aus seinen vorgegebenen Zusammenhängen hinaus. Dieser erste, aus unserer Perspektive der »alte« Individualismus hat den Einzelnen aus den Festschreibungen der Ständegesellschaft befreit. Es hört sich widersprüchlich an, aber Individualismus bedeutete, dass die Individuen alle gleich werden. Denn ein Individuum war man eben als Staatsbürger, als Wähler, als juristisches Subjekt – also dort, wo man von allen Unterschieden, von allen Besonderheiten wie Stand, Klasse oder Religion absah. Es war dies das Individuum von Großformationen wie Nationen oder Parteien. Dieses Individuum betrat als Gleicher die öffentliche Arena.

Dieser alte Individualismus war also – und das ist hier das Entscheidende – ein anderer Individualismus als unser heutiger. Er war die Herstellung eines anderen Typus von Individuum. Denn das Rechtssubjekt, der Wähler, der Staatsbürger entsteht durch Abstraktion. Privat, als Einzelne sind die Individuen je konkret und unterschiedlich. Als öffentliche Person aber werden sie Gleiche gerade durch die Abstraktion von dem, was sie unterscheidet. Das heißt, nur unter Absehung ihrer spezifischen Differenz werden sie gleiche Teile des Ganzen – gleiche Teile des Souveräns. Insofern ist das Verbindende zwischen den Individuen die Abstraktion von ihren spezifischen Bestimmungen. Gleicher Teil des Ganzen ist man nur, wenn man von dem absieht, was uns unterscheidet. Diese abstrakte Allgemeinheit des universellen Individuums wird bei Wahlen, sie wird beim Wähler besonders augenfällig.

Bei Wahlen gilt: eine Person – eine Stimme. Egal, wie verschieden wir sind – als Wähler sind wir alle gleich. Jeder zählt als einer. Jeder hat den gleichen Anteil. Deshalb werden die Stimmen auch gezählt und nicht gewichtet, nicht gewertet. Jede Stimme ist gleich viel wert.[3] Aber warum eigentlich?

Weil wir als Wähler alle unsere Besonderheiten abstreifen. Weil man beim Wählen von dem absieht, was uns unterscheidet. Das heißt: Beim Wählen lösen sich alle Unterschiede in eine Zahl auf: eine Person – eine Stimme. Egal, wer wir sind: Jede Person wird zu einer Zahl. Das allgemeine Wahlrecht hat uns zu Gleichen gemacht – aber zu arithmetisch Gleichen. Dies ist eine abstrakte Gleichheit.

Wir wissen, dass es ein langer und teilweise blutiger Prozess war, diese Abstraktion durchzusetzen, denken wir etwa an das Zensus- oder an das Frauenwahlrecht. Es war also historisch ein schwieriger Weg, diesen Staatsbürger, diesen Citoyen, diese Abstraktion herzustellen. Für unsere Überlegungen ist entscheidend, dass dieses Individuum nur auf Grundlage der Abstraktion (von seinen besonderen Bestimmungen) zum gleichen Teil des Ganzen, zum »politischen Atom« werden kann, wie Claude Lefort den Citoyen genannt hat. Diese Gleichen sind sozusagen der »Nullpunkt des Gesellschaftlichen«[4], da sie aus der Abstraktion aller gesellschaftlichen Bestimmung, aus dem Absehen von allen Unterschieden, hervorgehen. Was Lefort jedoch nicht benennt, ist: Die Identitätsbildung der demokratischen Nation erschöpfte sich darin nicht. Was er nicht erwähnt, ist die Ergänzung, die es noch brauchte. Die Ergänzung, die zu der Abstraktion hinzukam. Das aber ist der Moment, der für uns heute drängend, der akut wird.

Die Herstellung dieser abstrakten Gleichheit war zwar die – durchaus fortschrittliche und emanzipierende – Bewegung des demokratischen Prozesses. Aber bislang galt: Wir brauchen nicht nur die demokratische Abstraktion, diese allein reicht nicht. Wir brauchen noch etwas anderes. Und dieses andere lieferte die Nation. Die Nationenbildung war – wie gesagt – identitätspolitisch eine gegenläufige Bewegung zur Demokratie. Die Nation war das genaue Gegenteil der demokratischen Abstraktion. Die Nation hat dem abstrakten demokratischen Subjekt, dem abstrakten Citoyen, der abstrakten Rechtsperson das Gegenteil einer Abstraktion angeboten. Sie hat ihm eine Gestalt angeboten. Eine Gestalt mit positiven Identitätsmerkmalen für das Individuum als öffentliche Person. Ist der Wähler ein abstrakt Gleicher, der nur in numerischer Hinsicht zählt, ist das politische und das juristische Subjekt ein abstrakt Gleiches, das nur in dieser Hinsicht gleicher Teil des Souveräns ist, so ist das nationale Subjekt konkret, spezifisch. So war man nicht nur abstrakter Teil des Gesellschaftsganzen. Diese Ergänzung des demokratischen Individualismus, dieses Gegengewicht zur demokratischen Abstraktion ist es, das Lefort nicht benannt hat: die nationale Gestalt, den »nationalen Typus«.

Was ist dieser nationale Typus? Es ist der Typus, der die öffentliche Person charakterisiert. Und bestimmt. Wir alle kennen das: Der Österreicher ist so und so, der Deutsche so und so, der Italiener. Charmant, aber hinterfotzig. Pedantisch und autoritätsgläubig. Lebenslustig, aber unzuverlässig. (Zuletzt haben wir bei der Griechenlandkrise eine Neuauflage dieser nationalen Stereotype im großen Maßstab erlebt.)

Man denke an diese Art von Witzen: Ein Schiff droht unterzugehen. Der Kapitän überlegt, wie er die Leute dazu bringt, über die Reling zu springen. Dem Engländer sagt er, es sei unsportlich, nicht zu springen. Dem Franzosen sagt er, springen wäre schick. Dem Deutschen sagt er, es sei ein Befehl, und dem Italiener, springen sei verboten.

Es gibt Legionen solcher Witze über nationale Unterschiede. Wir sollten sie nicht zu schnell als Stereotype abtun. Diese sind nicht einfach nur Stereotype, also unzulässige Verallgemeinerungen. Sie sind auch etwas anderes. Sie sind Einübungen in die nationale Gestalt. So übt man, so lernt man Zugehörigkeiten (und natürlich auch Abgrenzungen von anderen).

Das Narrativ der Nation bildete also eine Klammer, die den konkreten Einzelnen mit dem öffentlichen Einzelnen verband, indem sie diesem eine konkrete Gestalt für seine öffentliche Identität anbot – eine Gestalt, mit der er sich nicht nur als abstrakter, numerischer Teil in das Ganze integrieren konnte, sondern auch als konkreter Teil mit positiven Identitätsbestimmungen. Kurzum: Das nationale Narrativ bot dem demokratischen Individuum eine Figur, in der er sich als öffentliche Person wiedererkennen konnte. Wobei die Konturen dieser Gestalt wandelbar sind.

Und genau deshalb – wegen dieser Gestalten – glauben wir, alle anderen Angehörigen unserer Nation zu kennen. Wir identifizieren uns, wir identifizieren die anderen mit diesem Typus. Genau weil es solche Gestalten gab, funktionierte die nationale Illusion, genau deshalb hat die Illusion der homogenen Gesellschaft funktioniert.

Nationale Demokratien haben die Individuen nicht nur in Bürger und Citoyens (zunächst ja nur die Männer), in politische Individuen und private verdoppelt. Sie haben diese nicht nur in eine Abstraktion verwandelt und diese gleichzeitig mit einer Gestalt versorgt. Diese gesamte Bewegung ging noch darüber hinaus. Oder anders gesagt: Als dominante Erzählung war die Nation ein noch weitreichenderer Eingriff in die Identität der Einzelnen. Denn die Nation war nicht einfach das Angebot einer weiteren Bestimmung, sie war vielmehr das Angebot einer herausragenden Bestimmung für jeden Einzelnen. Auch in national geeinten Gesellschaften besteht die Identität der Einzelnen natürlich aus einer Vielzahl unterschiedlicher Bestimmungen: geschlechtliche, klassenspezifische, religiöse, ethnische und so weiter. Die Nation hat nun dort, wo sie erfolgreich war, eine dieser Bestimmungen – eben die nationale – zur wesentlichen Bestimmung gemacht. Das bedeutet, dass das nationale Identitätsmoment alle unterschiedlichen anderen biografischen Elemente – Mann, Frau, Arbeiter, Künstler, jung, alt, was auch immer – auf spezifische Weise verbindet und organisiert. Es fasst sie zu einem Ganzen zusammen, zu einem einheitlichen Ganzen, zu etwas, das man mit Louis Althusser eine »expressive Totalität« nennen könnte[5]: ein Ganzes mit einem Zentrum, das jeden Teil in seinen Ausdruck verwandelt. Für die Nation bedeutet das: Die nationale Bestimmung wird zur zentralen identitären Bestimmung, die alle anderen biografischen Momente in deren Ausdruck, in den Ausdruck dieses Zentrums, verwandelt. So werden beispielsweise aus Männern deutsche Männer, aus Arbeitern österreichische Arbeiter, aus Frauen Französinnen. Das Narrativ der Nation hat die gesellschaftlichen Differenzen neu organisiert.

Die Unterschiede, die konkreten Unterschiede der einzelnen Bürger, werden durch den nationalen Typus natürlich nicht gelöscht. Auch nicht in einer homogenen Gesellschaft. Aber diese Unterschiede verlieren an Bedeutung. Wir mögen Bauern sein oder Unternehmer – aber beide sind Österreicher. Wir mögen Männer oder Frauen sein – aber wir sind alle Deutsche, Franzosen oder was auch immer. Die Differenzen in einer Gesellschaft wurden zu sekundären Differenzen angesichts der einen vorherrschenden Gleichheit, der nationalen. Die nationale Erzählung hat also allen – den Bauern, den Beamten, den Arbeitern – eine Identität angeboten, in der sie sich alle vereinen konnten.

Homogenität einer Gesellschaft bedeutet nicht einfach Vereinheitlichung. Homogenität einer Gesellschaft bedeutet vielmehr die Sekundarisierung der Unterschiede. Homogen ist eine Gesellschaft nicht, wenn es keine Unterschiede mehr gibt. Homogen ist eine Gesellschaft, wenn die Unterschiede zweitrangig werden, wenn die Unterschiede sekundär werden – angesichts des Gemeinsamen. Dieses Gemeinsame, das der nationale Typus bereitstellt, beruht auf dem Prinzip der Ähnlichkeit: In dessen Gestalt können sich alle Mitglieder der Nation wiedererkennen. Die »imagined community« ist eine Gemeinschaft der Ähnlichen.

In diesem Sinne war die Nation der Versuch, die Gemeinschaft unter den Bedingungen der Moderne in die Gesellschaft einzuführen – eine vorgestellte Gemeinschaft, die suggeriert, einander völlig Unbekannte würden einen Verbund von Gleichen, von Ähnlichen bilden. Die Erzählung von der Nation war also ein Weg, in Massengesellschaften tatsächliche Bindungen herzustellen.

Eine solche homogene Gesellschaft – so fiktiv sie auch immer sein mag – funktioniert auf zwei Ebenen: auf der Ebene der Identität und auf jener der Zugehörigkeit. Sie bietet uns eine besondere öffentliche Identität an, den nationalen Typus.

Und sie bietet uns eine besondere Art der Zugehörigkeit an. Homogen ist eine Gesellschaft, wenn man glaubt, ihr unmittelbar anzugehören – unmittelbar und selbstverständlich. Wenn man also glaubt, ihr voll und ganz anzugehören, voll und ganz zu sein. Das ist ihre wesentliche Definition.

Was aber heißt das: voll und ganz sein? Seit Freud wissen wir, dass jede Identität, die glaubt, sie sei vollständig, ein Irrglaube ist. Jede Identität, die meint, man sei wirklich der, der man ist, der man zu sein glaubt, jede Vorstellung, man sei wirklich identisch mit sich selbst, ist eine Illusion. Seit Freud wissen wir: Jede Zugehörigkeit, die von sich meint, sie sei selbstverständlich und unmittelbar, sitzt einer Fiktion auf. »Das Ich ist nicht Herr im eigenen Haus« heißt Freuds wohl bekannteste Formel. Wesentlich ist, dass er damit beides in Frage stellt: sowohl das Ich als auch das Haus. Das Ich stellt er in seinem Selbstverständnis in Frage und das Haus als das Eigene. Und trotzdem. Die Nation war lange Zeit der erfolgreiche Versuch, genau diese zwei Illusionen im großen Maßstab, im Maßstab der Gesamtbevölkerung aufrechtzuerhalten.

Die Illusion des intakten Ichs, die Illusion – wenn ich einen nationalen Typus verkörpere, dann bin ich dieser auch. Voll und ganz. Die Illusion, ein Österreicher oder ein Deutscher zu sein, hieß, ein wirklicher Deutscher, ein echter Österreicher zu sein.

Ebenso aber hat die Nation auch die Illusion des Hauses, die Illusion des *eigenen* Hauses aufrechterhalten. Das Land als das eigene Haus des Ichs. Das Land als das Haus, in dem das nationale Ich der Herr ist.

Dieses »eigene Haus« ist das letzte Element, das unserer Karte der homogenen Gesellschaft noch gefehlt hat. Zu allen Vereinheitlichungen – zu der materiellen, zu der emotionalen, zu der kulturellen Vereinheitlichung kommt noch die des

»eigenen Hauses« hinzu. Wenn ein Land zum »eigenen Haus« wird, dann bedeutet das: Sämtliche Institutionen, sämtliche Instanzen haben dieselbe Grundierung.

Die Theater und die Schulen, die Gerichte und die Kirchen, die Parteien und die Museen – sie alle haben dieselbe Grundierung. Mit Marx könnte man sagen: »Es ist eine allgemeine Beleuchtung, worin alle übrigen Farben getaucht sind – ein besonderer Äther.«[6] Man könnte auch sagen: Sie alle sind nicht nur auf einen Takt, sie sind auch auf einen Ton gestimmt. Ein anderes Wort für diesen Gleichklang, für dieses gleich gestimmte, für dieses *eigene* Haus lautet: Milieu. Ein Milieu ist eine Umgebung. Eine Umgebung, die ein Ganzes bildet, eine Einheit. Im Fall der Nation umfasst dieses eine Milieu das ganze Land.

Hier, in einem solchen Milieu ist der nationale Typus verankert. Dieser schwebt nicht im luftleeren Raum. Er lebt vielmehr in einer Umgebung, die Milieu, die sein Milieu ist. Das heißt, eine Umgebung, die für ihn *selbstverständlich* ist. Und das ist vielleicht das zentrale Wort für die homogene Gesellschaft: selbstverständlich. Eine homogene Gesellschaft produziert Selbstverständlichkeit. Das ist ihr Medium. Und ein Milieu ist erst dann ein Milieu, wenn man es als *selbstverständlich* erlebt. Wenn man es als *seine* Welt erlebt. Ohne es zu hinterfragen. Anders gesagt: Der nationale Typus lebt in seinem Milieu – ganz unmittelbar. Und in diesem Sinne auch ganz »naiv«, nämlich direkt. Er muss sich diese Welt nicht erst »erarbeiten«, er muss sich diese Welt nicht erst aneignen. Er gehört ihr ganz direkt an. Das Milieu – im Fall der Nation umfasst es eine ganze Gesellschaft –, dieses Milieu ist seine Lebenswelt. Es ist das Biotop des nationalen Typus.

Und dieses Milieu der *einen* nationalen Welt garantiert dem Einzelnen seine Identität – als eine vollständige, als eine ganze

Identität. Gegen alle Erkenntnisse der Psychoanalyse. Das Milieu garantiert dem nationalen Typus aber nicht nur seine Identität. Es garantiert ihm auch seine Zugehörigkeit, die Art seiner Zugehörigkeit: eine unmittelbare, eine selbstverständliche, eine unhinterfragte Zugehörigkeit.

Eine homogene Gesellschaft – in all ihrer Fiktion – besteht letztlich genau darin, eine bestimmte Art von Identität und eine bestimmte Form von Zugehörigkeit zu ermöglichen.

Homogen ist eine Gesellschaft nicht, wenn es keine Unterschiede gibt. Homogen ist sie, wenn man ihr voll und ganz angehören kann. Wenn man sich dieser Illusion hingeben kann. Denn das ist das Versprechen der homogenen Gesellschaft: Sie versorgt uns mit einer herausragenden Bestimmung, einer Bestimmung, die uns vereinheitlicht, die uns »ganz« macht, die uns mit einer vollen Identität versieht – auch wenn dies im Freud'schen Sinne immer eine Illusion bleibt.

Und genau das ist der Punkt, an dem sich der Unterschied zu unserer heutigen Gesellschaft ablesen lässt. Genau das ist der Hintergrund, von dem unsere pluralistische Gesellschaft sich abhebt. Die Folie, an der wir die Differenzen zu unserer heutigen Gesellschaft ablesen können.

Wir leben nicht mehr in dieser Welt der Homogenität. Diese ist in den letzten zwanzig, in den letzten dreißig Jahren langsam verschwunden. In einer schleichenden Entwicklung. Und zwar auf allen Ebenen.

Diese einheitliche Welt ist auf der ganz materiellen Ebene verschwunden. Verschwunden trifft es vielleicht nicht ganz. Aber sie hat eine massive Veränderung erfahren. Natürlich gibt es nach wie vor Fahrpläne. Aber nehmen wir eine andere Taktvorgabe – die Nachrichten, die »Zeit im Bild« oder die »Tagesschau«: die Vorstellung, dass sich die ganze Nation um 19.30 Uhr oder um 20 Uhr vor den Fernsehgeräten versammelt, um jeder für sich, aber doch alle gemeinsam die Nachrichten des Tages zu schauen. Diese Vorstellung ist nicht nur für junge Leute, die das niemals erlebt haben, absonderlich. Nein, diese Vorstellung ist sogar für jene, die es erlebt haben, die so aufgewachsen sind, kaum mehr vorstellbar. Zwischen Mediathek, Kabelfernsehen und YouTube ist unsere Gesellschaft in vielfacher Hinsicht nicht mehr auf einen Takt gestimmt.

Aber die Pluralisierung der Gesellschaft beschränkt sich natürlich nicht nur auf technologische Entwicklungen. Auch die anderen Ebenen der Homogenisierung haben sich verschoben: Die emotionale Gleichstimmung ist in einem Europa der (mehr oder weniger) offenen Grenzen nicht mehr aufrechtzuerhalten. Vor allem aber der nationale Typus und dessen Milieu haben sich verändert. So ist etwa das katholisch grundierte österreichische Milieu ebenso wie das protestantische deutsche – das Milieu, das Schulen, Autoritäten, Institutionen bestimmte, das Milieu, das den strikten Unterschied zwischen Feiertagen und Werktagen vorgab und das eine intakte Hochkultur umfasste –, dieses ganze Milieu ist nicht verschwunden. Wie auch die Fahrpläne nicht verschwunden sind. Aber das Milieu erodiert. Seine Grenzen weichen sich auf. Sein Takt ist nicht mehr der einzige, sein Ton ist nicht mehr der vorherrschende. Und der nationale Typus? Nehmen wir etwa den österreichischen Typus. Das Trachtenpärchen, die Bourgeoisie im Lodenmantel. Wer erinnert sich noch an die Hofratswitwe mit Burgtheater- und Josefstadt-Abonnement? Sie alle sind noch da – unter anderen. Aber den Takt, den geben sie längst nicht mehr vor.

Nun könnte man einwenden: Gerade derzeit erlebt die Nation ein Comeback. Nehmen wir etwa den »Brexit« – das Votum der Briten für den Austritt aus der EU. Ein Votum gerade im Namen der Nation. Und eine Stimmung, die nicht nur für England symptomatisch ist. Sie findet sich vielmehr verbreitet in ganz Europa oder in den USA. Und trotzdem.

Wenn die Nation heute wieder vermehrt auftaucht, dann ist das kein Einspruch gegen die These von ihrer Erosion. Paradoxerweise ist das Comeback der Nationen sogar eine Bestätigung der These von ihrer Erosion. Denn das, was da wiederkehrt, ist nicht die *alte* Nation. Das, was da wiederkehrt, ist nicht eine politische Erzählung, um eine heterogene Masse zu verbinden. Es ist nicht eine Erzählung, die eine Vielfalt zu *einer* Gesellschaft verbinden will.

Die Nation, die sich heute aus dem Einspruch gegen die EU zurückgewinnen möchte, diese Nation ist eine andere geworden. Von einer verbindenden Erzählung ist sie zu einer spaltenden geworden. Denn sie gilt nur für fünfzig Prozent der Bevölkerung. Das heißt aber: Sie ist gegen die anderen fünfzig Prozent gerichtet. Die Nation war früher, als die Illusion noch intakt war, nach außen hin abgrenzend, aber nach innen verbindend. Das englische Beispiel aber zeigt deutlich: Heute, wo die Fiktion nicht mehr glaubwürdig ist, ist die Berufung auf die Nation nach innen spaltend. Die Nation hat sich verändert – von einer äußeren zu einer inneren Grenze. Diese Nation kann kein umfassendes Wir, sie kann nur noch ein halbes Wir herstellen. Ebenso wenig wie sie noch ein einheitliches Milieu bilden kann.

Und genau dadurch bestätigt dieses Comeback aber den Befund: In der pluralisierten Gesellschaft verschwindet die Nation nicht. Aber sie erodiert.

Diese Erosion bedeutet: Die Welt der Nation ist nicht mehr *das* eine Milieu, *die* selbstverständliche Welt. Sie ist nicht mehr das Versprechen einer vollen Zugehörigkeit und einer intakten Identität. Wichtig aber ist: Dieses Milieu ist nicht einfach durch ein anderes Milieu abgelöst worden, so wie auch der nationale

Typus nicht durch einen anderen Typus abgelöst wurde. Es hat sich nicht einfach eine neue Vorherrschaft entwickelt. Die massivste Veränderung besteht vielleicht darin: Unsere Gesellschaft organisiert sich heute nicht mehr durch den *einen* Typus, sie organisiert sich nicht mehr durch das *eine* Milieu. Politisch bedeutet diese Veränderung: Die Nation und die Demokratie driften auseinander. Ihre lange Symbiose lockert sich. Und da stellt sich die drängende Frage: Kommen wir ohne eine nationale Figur, ohne eine eindeutige nationale Gestalt aus? Reicht die abstrakte Gleichheit der demokratischen Subjekte aus, um eine Gesellschaft zu bilden? Kann die Demokratie nackt funktionieren – nackt, also ohne nationale Gestalt?

In Bezug auf die Identität, die Identität jedes Einzelnen, bedeutet diese Veränderung jedoch: Wenn dieses Milieu der homogenen Gesellschaft sich langsam auflöst, dann können wir alle keine vollen Identitäten mehr haben. Dann können wir keine ganzen, selbstverständlichen, ungebrochenen Identitäten mehr haben. Dann können wir keine ganzen, selbstverständlichen, ungebrochenen Zugehörigkeiten mehr haben. Nicht einmal mehr als Fiktion.

Kapitel 2

Im Jetzt: Warum es mehr Aufwand bedeutet, weniger Ich zu sein

Im 19. Jahrhundert gab es in den USA ein Ritual: Bei ihrer Ankunft mussten Migranten durch eine Scheune. Einmal drinnen, mussten sie ihre Trachten ablegen, um dann als Amerikaner eingekleidet auf der anderen Seite der Scheune herauszukommen. Ein hollywoodreifes Bild.[7]

Jetzt kann man sagen – gut, das war im 19. Jahrhundert so. Damals hatte man noch eine rigide Vorstellung von der eigenen Kultur – und auch von jener der anderen. Damals hatte man noch die Vorstellung, ein Neuankömmling müsse sich gänzlich anpassen, er müsse sich assimilieren, seine eigene Kultur ablegen wie seine Kleidung und die neue Kultur vollständig übernehmen. Überziehen wie eine neue Tracht. Tatsächlich aber ist diese Scheune kein verstaubtes Relikt des 19. Jahrhunderts. Denn die Scheune existiert nach wie vor in unseren Köpfen. Sie prägt unsere Vorstellung von Migration. Heute sprechen wir zwar nicht mehr von Assimilation, sondern von Integration. Das ist zweifellos ein Fortschritt. Aber meistens ist das nur ein gradueller Unterschied. Integration meint zwar nicht völlige Anpassung, aber der Weg durch die amerikanische Scheune scheint immer noch die Richtung vorzugeben. Die Scheune prägt letztlich unsere Vorstellung einer pluralisierten Gesellschaft.

Diese Vorstellung von Pluralisierung beruht auf dem grundlegenden Missverständnis, dass die Vielfalt, dass die Pluralisierung eine Gesellschaft unverändert ließe. Die Frage ist hier nicht, ob Integration gut oder schlecht sei. Die Frage ist: Worum geht es, wenn man nach Integration ruft? Welche Vorstellung hat man, wenn man von Integration spricht? Und da muss man sagen: Es ist die Vorstellung, durch Integration, durch einen gewissen Grad an Anpassung könne die Gesellschaft so bleiben, wie sie bisher war. Das ist die trügerische Gewissheit, die die Rede von der »Integration« garantieren soll.

Woher aber rührt dieses Missverständnis? Es rührt daher, dass man glaubt, gesellschaftliche Vielfalt sei eine Ansammlung unterschiedlicher Kulturen und Religionen. Gesellschaftliche Vielfalt sei einfach eine Addition. Da gäbe es das Bestehende, das sind die Einheimischen, und zu denen käme dann einfach etwas Neues hinzu: die Türken, die Jugoslawen. Später die Serben, die Kroaten, die Kosovaren. Dann kamen die Polen, die Slowaken. Irgendwann dann »die« Moslems. Und nun die Flüchtlinge. Aber Pluralisierung ist keine Addition. Es ist ein Gebot der Stunde zu verstehen, was Pluralisierung eigentlich bedeutet. Und da muss man zweierlei festhalten:

Erstens: Pluralisierung ist ein unhintergehbares Faktum. Es gibt keinen Weg zurück in eine nicht-plurale, in eine homogene Gesellschaft. Auch nicht durch noch so viel Integration. Da hilft keine Scheune. Das Faktum der Pluralisierung lässt sich nicht rückgängig machen.

Und zweitens: Pluralisierung ist kein äußerlicher Vorgang. Die Vorstellung einer Addition ist trügerisch. Sie suggeriert nämlich, die einzelnen Posten der Addition blieben unverändert. Als ließe die Addition die Menschen, die sie verbindet, unverändert. Die Vorstellung der Addition ist eine Erzählung, die einen blinden Fleck erzeugt. Dieser blinde Fleck, also das, was verkannt wird, lautet: Die Pluralisierung verändert uns *alle*. Genau diese Veränderung wird durch die Vorstellung einer Addition verdeckt. Die Pluralisierung verändert aber nicht nur die, die neu hinzukommen. Sie verändert auch die, die schon da waren. Eben *weil* sie keine einfache Addition ist. Die Pluralisierung affiziert, sie erfasst uns alle.

Es ist also wichtig, sich nicht nur klarzumachen: Was verändert sich?, sondern auch: Was macht die Pluralisierung mit uns? Wie verändern *wir* uns? Was verändert sich an *uns*? Denn das ist der zentrale Punkt: Wir verändern uns alle.

Vor einiger Zeit konnte man in Wien an vielen Orten ein Plakat sehen: ein türkisfarbenes Bild, auf dem stand: »Der Bauch sagt: Respekt ist Kopfsache.« Darunter vier Köpfe: ein Mann mit jüdischer Kippa, ein Schwarzer, eine Frau mit Kopftuch und ein Mann mit Trachtenhut. Man sieht die vier Köpfe von hinten. Es geht also nicht um die einzelnen Individuen. Diese sind Träger von Zeichen, von Zeichen, die sie unterscheiden. Sie sind Repräsentanten von Ethnien, Religionen, Klassen. Interessant an dem Bild ist, dass der Trachtenhutträger Teil dieser Reihe ist.

Er ist ein Typus unter anderen. Das entspricht der heutigen Realität. Aber man muss sich vor Augen halten, was das tatsächlich bedeutet. Noch vor einiger Zeit – und diese Zeit ist noch nicht lange her –, da war der Mann im Lodenmantel mit Gamsbarthut und auch die dazugehörige Frau, da war dieser Typus *nicht* einer unter anderen. Da war er in Österreich hegemonial. Er war kulturell und identitätspolitisch vorherrschend. Er war es, der die Normalität bestimmt hat. Heute ist dieser Herr nicht nur auf dem Plakat eingereiht. Er hat auch real seine Hegemonie, seine Vorherrschaft verloren. Das zeigt das Bild sehr deutlich. Und sehr einprägsam.

Und genau daran kann man die Veränderung, die die Pluralisierung bewirkt, ablesen. Diese Veränderung ist eine doppelte.

Sie findet auf zwei Ebenen statt. Es ist eine Veränderung der Zugehörigkeit, also eine Veränderung, wie wir der Gesellschaft angehören. Und es ist eine Veränderung unserer eigenen Identität. Die Pluralisierung verändert unseren Bezug zu anderen, und sie verändert den Bezug zu uns selbst, die Art, wie wir uns auf uns selbst beziehen.

Was die Zugehörigkeit anbelangt, so muss man sagen: Man kann heute nicht mehr auf dieselbe Art Deutscher oder Österreicher sein wie *früher*. Wobei dieses ungetrübte »Früher« natürlich auch eine Verklärung ist. Aber die deutsche oder die österreichische Kultur – wie auch immer man diese bestimmt – lassen sich nicht so aufrechterhalten wie dieses »Früher« unterstellt. Nicht weil die Berge weniger hoch, die Wälder weniger grün oder das Jodeln weniger krächzend wäre. Sondern einfach weil diese Form des Deutsch- oder des Österreichisch-Seins nicht mehr die einzige Form ist. Weil dieses Milieu nicht mehr das einzige Milieu ist, weil diese Kultur nicht mehr das einzige kulturelle Koordinatensystem in diesen Ländern ist.

Keiner kann heute seine Kultur noch so leben, als ob es keine andere Kultur daneben gäbe. In gemischten Gesellschaften steht jede Kultur neben anderen Kulturen. Das aber heißt: Es gibt keine *selbstverständliche* Kultur, keine *selbstverständliche* Zugehörigkeit mehr. Und das ist eine wirklich einschneidende Veränderung. Denn eine wesentliche Funktion von Kultur ist es, Evidenz zu erzeugen – also einen unmittelbar einleuchtenden Zugang zur Welt. Einen unhinterfragten, eben einen selbstverständlichen Zugang. Heute aber gibt es keine Zugehörigkeit, die ihre Selbstverständlichkeit nicht gegen andere Selbstverständlichkeiten behaupten muss. Heute muss jede Zugehörigkeit ihre Evidenz gegen andere Evidenzen behaupten. Sie muss neben anderen Evidenzen bestehen. Eine Selbstverständlichkeit aber, die in Frage gestellt wird, ist gerade das nicht mehr – eine Selbstverständlichkeit. Damit wird die Außenperspektive auf jede Kultur Teil ihrer Innenperspektive. Die Außenperspektive, dass es nämlich immer anders sein könnte: dass man jemand anderer sein könnte, dass man etwas anderes glauben könnte, dass man anders leben könnte. Diese Außenperspektive ist heute notwendigerweise Teil jeder Identität, jeder Kultur. Sie ist Teil der Innenperspektive geworden.

Peter Berger nennt das eine »kognitive Kontamination«[8], eine andauernde Interaktion mit anderen, die unsere eigene Sicht der Welt relativiert, die Gewissheiten unterläuft, die Selbstverständlichkeiten unterminiert. Es ist dies eine ebenso schöne wie auch problematische Formulierung. Zum einen weil dieser Vorgang kognitiv nur im Sinne einer Erfahrung, eines Erlebens, nicht aber im Sinne einer Erkenntnis ist. Zum anderen aber trifft Relativierung den Vorgang nicht genau. Denn Relativierung würde bedeuten, dass die eigene Kultur durch das In-Beziehung-Setzen zu anderen Kulturen bedingt wird. Der Vorgang, den wir heute beobachten, ist aber nur insofern eine »Relativierung« als die Selbstverständlichkeit eingeschränkt wird – also keine Selbstverständlichkeit mehr ist.

Diese Veränderung ergreift uns nun alle. Sie verändert völlig die Art, wie wir heute »dazugehören«. Sie verändert den Bezug zu »unserer« jeweiligen Gemeinschaft. Welcher Art diese Veränderung ist, lässt sich genau angeben: Dieser Bezug ist heute nicht mehr naiv zu haben. Nicht mehr naiv in dem Sinne, dass er nicht mehr direkt, nicht mehr unmittelbar, nicht mehr selbstverständlich ist. Die Zugehörigkeit zur Gesellschaft muss man sich gewissermaßen »erarbeiten«. Man muss sie behaupten. In diesem Sinn ist Zugehörigkeit nicht mehr voll und ganz zu haben. Sie ist nicht mehr vollständig und umfassend. Das ist die neue psychopolitische Voraussetzung für unser aller Integration. Und das ist ein durchaus schwieriger Vorgang.

Für den Trachtenhutträger etwa bedeutet der Verlust der Selbstverständlichkeit zugleich auch den Verlust seiner Vormachtstellung. Das ist ein schmerzhafter Prozess. Schon allein das Nebeneinander auf dem Plakat ist für ihn eine Zumutung. Dieses ist nicht Folge von Respekt. Es ist Folge einer gesellschaftlichen Auseinandersetzung. Diesem Nebeneinander liegt ein Konflikt, ein Kampf um gesellschaftliche Macht zugrunde.

Genau gegen dieses Nebeneinander der vier Köpfe gibt es ja auch eine Abwehr. Dagegen versuchte man beispielsweise die eigene Lebensform als sogenannte »Leitkultur«, etwa als »deutsche Leitkultur«, in Stellung zu bringen. Leitkultur im Sinne einer verbindlichen nationalen Kultur ist ein Begriff, der zweierlei zu retten versucht und gerade deshalb zweifach auf verlorenem Posten steht.

Zum einen versucht die Leitkultur, das nationale Milieu als das *eine* zu retten – denn nur als solches, nur als selbstverständliche, als unhinterfragte Lebenswelt wäre eine Leitkultur auch eine solche. Es ist dies der Versuch, die gestörte Selbstverständlichkeit der »eigenen Kultur« (was auch immer dieses Eigene sein mag) durch Festschreibung eines Inhalts wiederherzustellen. Diese Wiederherstellung übersieht aber, dass es bei einer »Leitkultur« nicht einfach nur um Inhalte geht. Es geht ebenso um die Art, wie man sich auf diese Inhalte bezieht. Es geht um die Selbstverständlichkeit, mit der diese Inhalte übernommen und gelebt werden. Die Wiederherstellung übersieht also, dass das, was die Leitkultur durch eine oktroyierte Verbindlichkeit retten möchte, genau das ist, was ebendiese Leitkultur unterläuft: ihre Selbstverständlichkeit. Diese aber, die Selbstverständlichkeit, ist nicht rettbar. Diese lässt sich nicht mehr herstellen. Allein, dass man eine Leitkultur dekretiert, allein, dass es darum eine Debatte, eine Auseinandersetzung gibt, zeigt: Dieses Milieu ist nicht mehr ungebrochen. Es ist nur noch teilweise eine Umwelt, es ist nur noch ein partielles Milieu – und eben deshalb ist die »Leitkultur« kein wirkliches, kein umfassendes Milieu mehr.

Zum anderen zeigt die Debatte um die Leitkultur aber auch, dass das Milieu als das eine, als das selbstverständliche, verlorengegangen ist, gleichbedeutend damit ist, dass seine Vormachtstellung nicht mehr eindeutig ist. Eine nationale Leitkultur zu etablieren ist der Versuch, die eigene Hegemonie wiederherzustellen. Um diese Hegemonie muss man aber erst kämpfen, wenn man sie nicht (oder nicht mehr) hat, wenn die eigene Vormacht gestört ist. Der Verlust der Selbstverständlichkeit ist also auch der Verlust der »Normalität« – das heißt, man gibt nicht mehr vor, was »normal«, man beschreibt nicht mehr, was »Normalität« ist. Denn das ist ja die größte gesellschaftliche Macht – die Definition von »Normalität«. Wobei man sagen muss: Normalität, Selbstverständlichkeit ist nur für jene normal, die dazugehören, die zu der Gruppe gehören, die ihre Form von Normalität durchsetzt. Für die anderen ist diese Normalität nicht normal. Normalität ist ein Ausschluss-, ein Exklusionsmechanismus.

Machen wir uns keine Illusionen. Vielfalt ist kein nettes Zusammensein. Zusammenhalt? Respekt? Schon das Nebeneinander auf dem Plakat ist zwar Abbild der Wirklichkeit, aber eben auch eine Beschwörung. Die Beschwörung, dieser Zustand möge ein von allen akzeptierter, er möge ein friedlicher sein.

Zu dieser Beschwörung gehört auch die Vorstellung, es gäbe ein Allheilmittel für oder eigentlich gegen die Pluralisierung. Mehr noch als die Leitkultur aber mit dieser eng verwoben ist das neueste Kaninchen aus dem Allheilmittel-Hut – die Werte. »Unsere« Werte. Bislang führte die Bildung das Ranking der Allheilmittel an. Nun sind es die Werte. Wobei diese Diskussion meist unterstellt, diese »unsere« Werte seien ein fixer Katalog, ein feststehender Kanon – und nicht etwas, das immer wieder neu verhandelt wird und werden muss. Dabei unterschlägt diese Diskussion aber gerade einen zentralen Wert unserer Demokratie: die Verhandelbarkeit selbst. Die Möglichkeit also, ebenjene Werte immer wieder zu verhandeln und damit umzuschreiben. Die Diskussion um die Werte dreht sich immer um das Akzeptieren der Grundwerte. Die Migranten, die Neuen, sollen unsere Grundwerte akzeptieren. Nicht, dass das gänzlich falsch wäre. Die Demokratie steckt mit den Grundwerten den Rahmen des Zulässigen ab. Aber bei der Diskussion geht es nie darum, dass diese Werte selbst diskutiert, dass sie neu bestimmt werden können. Sie treten nur als verfestigte, als fixierte, eben als essenzialisierte Vorstellungen auf (genau wie die Leitkultur), die nicht zu hinterfragen sind. Deshalb geht es beim Appell an die Werte ums Einschwören auf ebendiese Werte – was kein wirklich demokratischer Vorgang ist. Wie das gehen soll, dieses Einschwören, bleibt unklar. Sollen sie angeboten werden, die Werte, oder eingebläut? Geht es um Umerziehung, um Gehirnwäsche? Um Umcodierung, um Überzeugung, um Verführung? Die Werte werden hervorgeholt wie ein Fetisch, wie eine Beschwörungsformel, um das abzuwehren, was da an Fremdheit auftaucht.

Man kann die »Werte« aber niemandem eintrichtern. So wie auch die Bockwurst oder das Schnitzel durch keinen Zaun der Welt das allein Seligmachende bleiben. Man kann die deutsche oder die österreichische »Kultur« nicht unter Artenschutz stellen – oder was es sonst an Einhegungen gibt, um Veränderungen abzuwehren. Schon allein weil diese Kultur nicht nur aus ihren Inhalten, nicht nur aus ihren Objekten besteht, sondern – ebenso – aus der Art, sich auf diese Objekte zu beziehen.

Deshalb beginnt die Veränderung, die mit »Integration« nur unzureichend umschrieben ist, viel früher. Sie beginnt weit vor der Übernahme von Inhalten – ob das jetzt die immer ins Treffen geführte Frauenemanzipation, die Menschenrechte oder die Homosexuellenehe ist. »Integration« ist ein Vorgang, der nicht auf der Ebene der Inhalte stattfindet. Und gerade deshalb ist Integration ein Vorgang, der nicht nur für Migranten gilt. Wenn man sagt, Globalisierung, Migration de-territorialisiere die Menschen, löse sie also aus ihrer territorialen Verankerung, von ihren überkommenen Identitäten, dann muss man sagen: Die Pluralisierung de-territorialisiert alle. Nicht nur jene, die sich physisch bewegt haben.

In diesem Sinn bedeutet die Pluralisierung nicht nur eine Veränderung der Anderen. Die Pluralisierung verändert eben auch uns. Sie verändert unsere Zugehörigkeiten, also die Art, wie wir der Gesellschaft angehören. Aber sie verändert auch unsere eigene Identität. Und das ist vielleicht die tiefgehendste Veränderung. Sie verändert unser Innerstes – das Verhältnis zu uns selbst.

Wenn die homogene Gesellschaft uns versprochen hat, dass wir ihr voll angehören können. Und wenn die homogene Gesellschaft uns versprochen hat, dass sie uns ganz macht, dass sie uns mit einer ganzen Identität versorgt, dann muss man jetzt im Umkehrschluss sagen: Eine heterogene, eine pluralisierte, eine vielfältige Gesellschaft bedeutet, dass man ihr nicht mehr ganz, nicht mehr direkt, nicht mehr selbstverständlich angehört. Und eine heterogene Gesellschaft bedeutet auch, dass wir nicht mehr auf dieselbe Art Ich sind. Wir sind nicht mehr auf dieselbe Art wir selbst wie früher. Wir sind nicht mehr ganz.

Nehmen wir noch einmal das Plakat. Es war bisher klar, was es heißt, Österreicher zu sein. Ebenso wie Deutscher. Heute ist das gar nicht mehr klar. Die vier Köpfe auf dem Plakat –

alle vier können Österreicher sein. Nicht nur der Mann mit dem Trachtenhut. Der Typus »des« Österreichers hat sich verändert. Ebenso wie der Typus »des« Deutschen. Das aber ist keine Veränderung wie früher. Man könnte sagen: Sogar die Veränderung hat sich verändert. Denn die heutige Veränderung schreibt den Typus der Normalität nicht mehr um. Zu vielfältig, zu divers ist das, was heute ein Deutscher, ein Österreicher sein kann. Die heutige Veränderung löst vielmehr den Typus als Typus auf. Es gibt den *einen* Typus nicht mehr, und das heißt: Es gibt den Typus nicht mehr. Es gibt keinen für alle verbindlichen Typus mehr. Keine genau definierte Gestalt, in der man sich wiedererkennen kann. Eine Erfahrung, die wohl für alle (west)europäischen Länder gilt. Und diese Erfahrung lautet: Die Ähnlichkeit, die der Typus eingeführt hat, bestimmt nicht mehr die Gesellschaft.

Was bedeutet das aber für die Gesellschaft? Zerfällt diese damit in lauter Einzelne? Sind wir alle nur noch verschieden? Sind wir im reinen Individualismus angekommen? An der Stelle ist es notwendig, noch einmal auf das Thema des Individualismus zurückzukommen.

Wir sind (siehe Kapitel 1) bereits dem alten, dem ersten Individualismus begegnet, jenem »Zeitalter des Individualismus«, das sich von 1800 bis in die 1960er Jahre erstreckte, jenem paradoxen Individualismus, der die Individuen alle gleich gemacht hat. Damals bedeutete Individualismus Abstraktion von Herkunft, Abstraktion von sozialer Stellung, Abstraktion von partikularen Bestimmungen. So entstand das erwähnte »Individuum des Universellen«, wie Rosanvallon es nennt – die Grundlage des demokratischen Subjekts als Wähler, als juristisches Subjekt. Jenes Subjekt, das sich über die Abstraktion, über das Absehen von seinen konkreten Bestimmungen vergesellschaftete. Individualismus bedeutete also nicht Vereinzelung, sondern Eintritt als abstrakt Gleicher, als Citoyen in die Gesellschaft. Es war dies aber auch, wie wir gesehen haben, die Grundlage des nationalen Typus, der dem Einzelnen eine Gestalt angeboten hat, eine allgemeine Gestalt jenseits seiner ganz individuellen, partikularen Bestimmungen.

In den 1960er Jahren kann man eine Zäsur im Individualismus verorten. Da beginnt ein ganz anderer, ein »neuer«, der zweite Individualismus. Die Unterschiede zwischen altem und neuem Individualismus, zwischen erstem und zweitem Individualismus lassen sich an einer Vielzahl von Bestimmungen festmachen: Für den alten Individualismus waren Großverbände – wie politische Parteien oder Kirchen, aber auch Schulen – zentrale Instanzen. Diese Großverbände stellten dem ersten Individualismus einen vorgegebenen Lebensweg und eine vorgegebene Lebensweise bereit. Das tiefe Eindringen dieser Großformationen ins Leben der Einzelnen erfolgte durch vielfältige Praktiken. Man könnte auch sagen: Es erfolgte, indem alle diese Praktiken dem jeweiligen Großprojekt eingeschrieben wurden – so wurde etwa die Bildung durch konfessionelle Schulen oder Konfessionsunterricht an die Kirchen angebunden und die Freizeit- und Körpergestaltung in den jeweiligen Sportvereinen an die politischen Parteien. Dies schaffte eine starke Bindung des Einzelnen an die Großgruppe und daraus folgend auch eine starke und eindeutige Identität. Genau hier setzte der neue, der zweite Individualismus an. Dieser zweite Individualismus verweigerte sich den vorgegebenen Lebens- und Ausdrucksformen und bestimmte sich durch die Suche eines eigenen Weges. Dieser Weg sei die Suche nach »authentischen Lebens- und Ausdrucksformen«[9], so Charles Taylor, weshalb er das Zeitalter dieses zweiten Individualismus auch als »Zeitalter der Authentizität« bezeichnet. Das Leben wurde zu einem

»persönlichen Projekt«[10], so Michael Walzer. Dies ist nicht nur ein anderer, ein neuer Individualismus – es ist auch einer, der dem alten diametral entgegengesetzt ist. Weshalb er auch die Erosion der Großformen und das Ende der politischen, der religiösen und der klassenbestimmten Lebenswelten eingeläutet hat: Statt Eingebundensein stand Ungebundenheit auf dem Programm. Hervor gingen »Herden unabhängiger Geister«, wie Walzer es nannte.[11]

Der nunmehr ungebundene Einzelne hatte die alten Organisationen wie Großparteien oder Kirchen verlassen, die die Verbindungen zum Ganzen der Gesellschaft hergestellt haben. Der Zugang zur Gesellschaft, auch der politische, verlagerte sich damit zunehmend auf den Einzelnen. Ein Zugang, der nicht mehr notwendigerweise in einen staatlichen Rahmen eingebettet war. So konnten etwa die politischen oder die religiösen Individuallösungen natürlich nach wie vor zu Gemeinschaften und Großgruppen führen, sie konnten aber ebenso zu lockeren Gruppierungen führen, die auch nur punktuelle Zusammenschlüsse sein konnten. Das bedeutet aber: Das politische Subjekt des zweiten Individualismus wurde nicht mehr mit seinem ganzen Leben eingebunden. Es suchte Lebensabschnittsgruppen, an die es sich befristet gebunden hat: Parteien, Aktivitäten, Praxen, die es nicht repräsentieren, sondern an denen es seine Authentizität zum Ausdruck bringen kann. Eben deshalb ist dieser zweite Individualismus wesentlich expressiv. Zentral war nicht mehr die vorgeschriebene Zugehörigkeit, sondern die behauptete Identität des Einzelnen.

Diesem Individualismus entsprach eine Pluralisierung der Lebensformen. Dementsprechend ist auch die sogenannte Identitätspolitik, ausgehend von dieser Vervielfältigung der Lebensformen, ausgehend von den »Neuen sozialen Bewegungen« – wie der Frauen-, der Schwulen- und all den anderen

Minderheitenbewegungen, die den zweiten Individualismus prägten –, mit dem Ende des 20. Jahrhunderts zentral geworden. Diese eröffnete eine Politik in der ersten Person, eine Politik, die Identitätspostulate wie Geschlecht, Rasse, Religion oder Ethnie verhandelt. Das Ich-Gefühl, das damit in die politische Arena eingetreten ist, weist drei Besonderheiten auf:

Zum einen erleben die Akteure jene Merkmale, über die sie sich identifizieren, als »unverfügbare Merkmale«[12] – was durchaus nicht selbstverständlich ist. Denn sie erleben diese Merkmale nicht deshalb als unverfügbar und unverhandelbar, weil diese etwa natürliche Bestimmungen wären – wie es etwa beim Geschlecht oder bei der Hautfarbe nahezuliegen scheint. Aber selbst bei diesen Bestimmungen gilt: Es sind jene, die sich die Akteure aus der Vielzahl ihrer Besonderheiten aussuchen, um sich gerade mit diesen zu vergesellschaften. Sie könnten das auch mit anderen Bestimmungen machen. Frauen etwa müssen identitätspolitisch nicht als Frauen auftreten – sie können sich beispielsweise auch mittels ihrer Religion vergesellschaften. Wenn die Akteure aber jene spezifischen identitären Merkmale als unverfügbar erleben, so deshalb, weil diese »tief einsozialisierte Erfahrungen«[13] sind – das heißt auch tief einsozialisierte Erfahrungen von Benachteiligung aufgrund ebendieses Merkmals. Diese sind also nur im subjektiven Empfinden unverfügbar – zugleich aber ist diese Unverfügbarkeit ein zentrales Charakteristikum des zweiten Individualismus. Die Konfliktlinien verliefen damit nicht mehr entlang der Grenzen von Nationen, ökonomischen Interessen oder objektiven Klassenlagen. Sie deckten sich auch nicht notwendigerweise mit den traditionellen politischen Lagern, sondern standen quer zu diesen. All dies stand durchaus im Einklang mit dem Rückgang der politischen Zugehörigkeiten. Das aber heißt: Identitätspolitik hat teil an der Ablöse der regulierten durch nicht-regulierte, durch flexible politische Identitäten. Damit besteht die Besonderheit dieser Form von Politik also in einem Widerspruch: dem zwischen beweglicher politischer Zugehörigkeit einerseits und subjektiv erlebter Unverfügbarkeit der politisierten Identitätsmerkmale andererseits – der Gleichzeitigkeit von flexibler und fixierter Identität also. Ein Widerspruch, der heute akut wird. (Wir werden in Kapitel 7 darauf zurückkommen.)

Daran knüpft die zweite Besonderheit des zweiten Individualismus unmittelbar an: Dessen zentraler Wunsch ist es, sich *nicht* zu verändern – sondern sich nur zu bestätigen. Der erste Individualismus hat den Großverbänden zugesprochen, die Individuen zu transformieren. Der Einzelne trat etwa einer Partei bei, die ihn verwandelte und zu einem Parteimitglied oder zu einem Parteigenossen machte. Assoziation, Verband bedeutete damit auch: Veränderung des Individuums. Und das ist ein grundlegender Unterschied zum zweiten Individualismus. Geht es bei diesem doch darum, sich eben *nicht* zu verändern. Wenn Taylor schreibt, im Zeitalter der Authentizität gehe es nicht nur darum, einen eigenen Weg zu wählen – eine eigene Kirche, eine eigene Partei oder sonst eine eigene Gruppierung –, sondern darum, dass diese »*mich* ansprechen« muss[14], dann muss man hinzufügen: Sie muss mich ansprechen als der, der ich bin. Veränderung ist da nicht vorgesehen. Deshalb haben Großparteien mit einem pädagogischen Konzept, also mit der Vorstellung, die Subjekte zu erziehen, schon lange das Nachsehen. Die flexible politische Identität ist zugleich eine, die sich nicht verändert. Sie kämpft darum, gerade als das, was sie ist, anerkannt zu werden. Als solche tritt sie in die politische Arena ein. Deshalb können Parteien Lebensformen nicht mehr verordnen. (Sie können diese bestenfalls an Konfliktpunkten austarieren.) Deshalb wurden Großgruppen wie etwa Volksparteien im neuen Individualismus durch kleinere identitäre

Gruppen und Einheiten – »Lebensstilenklaven«, wie Dubiel sie nennt[15] – abgelöst. Diese erfüllen genau dieses Moment der gegenseitigen Bestätigung ohne Veränderung.

Die dritte Besonderheit des zweiten Individualismus und seiner Identitätspolitiken besteht in den identitären Folgen dieses veränderten Settings. In den Großgruppen bestand das Selbstverständnis des Einzelnen darin, Teil der Gruppe zu sein. Sein Selbstverständnis war also Folge seiner Zugehörigkeit. Hier bezog man sich auf Gleiche, auf Ähnliche: auf Parteigenossen oder auf Kompatrioten. Natürlich gehörten da Gegnerschaften und Feindschaften dazu. Aber es gab eine Identitätsbildung als Gleiche im (staatlichen oder parteilichen) öffentlichen Rahmen. Volkspartei hieß ja ebenso wie Nation die Bereitstellung von Typen, von kollektiven Identitätsmerkmalen, die es heterogenen Individuen erlaubten, sich als Ähnliche und damit als Gleiche zu identifizieren. In den identitätspolitisch geprägten Arenen hingegen geht es nicht mehr um Gleichheit, sondern um Differenz, um Unterschiede. Jenseits der eigenen Community tritt man in den öffentlichen Raum, um sich als anders, als different zu bestimmen. War die Öffentlichkeit des ersten Individualismus ein Raum der Gleichen, so wurden die Arenen des zweiten Individualismus als Raum der Differenz bestimmt. Wobei man nicht übersehen darf, was Differenz in dem Zusammenhang bedeutet: Es ist die Behauptung der eigenen Identität ohne Anpassung, ohne Einordnung. Differenz ist also Bestätigung des Eigenen. Identitätspolitik war (und ist) der Versuch, den Unterschied zwischen öffentlicher und privater Person, zwischen Bürger und Staatsbürger, einzuziehen. Es ist eine unmittelbare Vergesellschaftung seiner privaten Besonderheiten, seiner individuellen Spezifika.

In diesem Sinne waren die Unterschiede im zweiten Individualismus also nicht mehr sekundär, wie in der homogenen

Gesellschaft des ersten Individualismus. Die Differenzen wurden vielmehr öffentlich. Die singuläre Gestalt als öffentliche trat an die Stelle des öffentlichen, des vorgegebenen Typus. Der Einzelne des zweiten Individualismus war also ganz anders gepolt als der Einzelne des ersten Individualismus.

Und dennoch sind wir damit noch nicht in der pluralisierten Gesellschaft angelangt. Denn dieser zweite Individualismus ist nicht zu verwechseln mit unserer heutigen Situation. Dieser verdankte sich einer Pluralisierung der Lebensformen – heute aber haben wir eine Pluralisierung der Bevölkerung. Dies ist nicht nur etwas anderes als der zweite Individualismus. Die Pluralisierung ist vielmehr die Grenze, an die dieser zweite Individualismus stößt. Pluralisierung bedeutet einen Individualismus eigener Art. Es ist eine wesentliche Intention dieses Buches, dies klarzumachen. Deshalb lautet dessen Ausgangsthese: Pluralisierung bedeutet einen *dritten* Individualismus. Dieser entspricht nicht dem ersten Individualismus – er ist also nicht Herstellung von Gleichheit durch Ähnlichkeit. Es ist aber auch nötig, den pluralisierten Individualismus vom zweiten Individualismus zu unterscheiden – er ist also auch nicht die öffentliche Behauptung der jeweiligen Besonderheit. Letztere Unterscheidung ist aber weitaus schwieriger – aus zwei Gründen. Zum einen, weil es nicht einfach eine Ablöse gab, sondern beide Formen (genauer gesagt alle drei Formen) nebeneinander (und manchmal auch gegeneinander) existieren. Und zum anderen ist diese Unterscheidung zwischen zweitem und drittem Individualismus schwierig, weil es da durchaus Gemeinsamkeiten und Überschneidungen gibt: Beide funktionieren nicht mehr durch die Ähnlichkeit. Und das heißt: Beide wirken an der Erosion der nationalen Gestalt, an der Auflösung des einen nationalen Typus mit. Aber beide tun dies auf unterschiedliche Art.

Die Politik des zweiten Individualismus, die sogenannte Identitätspolitik, hatte ursprünglich ein doppeltes Ziel: erstens sich in die Abstraktion des Citoyens einzuschreiben – diese Abstraktion also zu erweitern, Teil dieser Abstraktion zu werden, sich als rechtliches, als wählendes Subjekt zu behaupten. Zweitens aber den nationalen Typus umzuschreiben. Das ist das Ziel einer bewussten politischen Intervention. Da ging es etwa darum, Frauen in die nationale Gestalt einzuschreiben. Oder Homosexuelle. Es ging also darum, andere Identitäten in den Kanon der vollen Identitäten aufzunehmen. Es ging darum, die Normalität, also das, was als normal gilt, umzuschreiben. Die Pluralisierung hingegen, die ja keine politische Bewegung ist, sondern Effekt einer nicht-gezielten Veränderung, schreibt die nationale Gestalt nicht mehr um – sie befördert vielmehr deren Erosion.

Was aber diese Erosion der nationalen Gestalt bedeutet, wurde am Ende des ersten Kapitels schon angesprochen: Die gegenläufigen Bewegungen von Nation und Demokratie treten auseinander. Sie lockern ihre Verbindung – und so bleibt die Demokratie nackt zurück. Ohne nationale Gestalt. Ohne jene Gestalt, die verhüllt, was psychopolitisch und symbolisch das zentrale Moment der Demokratie ist: die Leere.

Demokratie ist jene Herrschaftsform, die aus der »demokratischen Revolution«[16] hervorging. In Europa entsteht sie quasi auf der Guillotine. Das ist ihre Urszene. Dort wurde nicht nur der Monarch enthauptet, sondern auch jene Art von Macht, die sich in einer Person, eben dem Monarchen, sinnfällig und leibhaftig verkörpert hat. Die Guillotine bedeutete aber nicht das Ende von Souveränität überhaupt. Vielmehr gab es weiterhin eine Vorstellung von Souveränität – einen »Ort der Macht«. Diese Vorstellung wurde nicht mitgeköpft – nur, und das ist das entscheidende Kennzeichen für die Demokratie, ist dieser

Ort nunmehr leer, so der bekannte Befund Claude Leforts. Der »leere Ort der Macht« – so lautet Leforts legendäre Formulierung, die große Karriere im theoretischen Diskurs gemacht hat.

Zum einen bedeutet dies, dass es keinen privilegierten Platzhalter, keinen »natürlichen« Träger der Macht mehr gibt. Jeder demokratische Machthaber, jede gewählte Regierung, ist nur ein vorübergehender Statthalter der Macht. Politische Akteure können diesen Platz nur punktuell, nur zeitlich begrenzt einnehmen. Sie können diesen eben nicht verkörpern oder ausfüllen. Es gibt keine dauerhaften Vereinnahmungen, beziehungsweise wenn es diese gibt, dann bedeuten sie das Ende der Demokratie. Es gibt nur wechselnde Besetzungen für den Ort der Macht. Das bedeutet aber, dass die Ordnung der Demokratie in symbolischer Hinsicht genau darin besteht, solche Verkörperungen der Macht zu verhindern. Die jeweiligen Regierenden bieten uns quasi nur eine negative Darstellung der Macht: Keiner kann das Volk verkörpern. Keiner kann es in dieser Form repräsentieren.

Zum anderen besagt Leforts Diktum aber auch, dass die demokratische Gesellschaft zwar weiterhin ein Zentrum hat (denn Ort der Macht bedeutet ja nichts anderes, als dass es ein Zentrum gibt), dieses Zentrum aber, laut Lefort, eben leer sei. Das Zentrum der Demokratie ist also eine Leere. Eine Leerstelle. Und das ist ein schwindelerregender Befund.

Bisher, so unsere These, wurde diese notwendige und zentrale Leere der Demokratie durch die nationale Gestalt verdeckt. Wobei hier eine Anmerkung nötig erscheint: Die nationale Gestalt ist etwas ganz anderes als der Monarch. Im Unterschied zu diesem lässt sich jene nicht an einer Person festmachen. Kein Einzelner verkörpert die nationale Gestalt jemals. Kein Einzelner kann diese Gestalt real vergegenwärtigen. Man kann sich in dieser nur wiedererkennen. Auch lässt sich diese umschreiben – wie etwa die Frauenbewegung erfolgreich gezeigt hat. Die Gestalt lässt sich verändern. Die nationale Gestalt füllt die Leere also nicht aus wie der Monarch, der ja die Gesellschaft als Ganze tatsächlich *verkörpert* hat. In diesem Sinne schließt die nationale Gestalt die zentrale Leerstelle der Demokratie nicht. Sie verdeckt diese nur.

Mit der heutigen Pluralisierung aber geht die Demokratie dieser Gestalt verlustig. Jetzt ist die Demokratie nackt: Was aber bedeutet das für den Einzelnen? Wie schreibt sich dies ins Subjekt ein? »Wenn sich eine Institution in einer Gesellschaft bewähren soll, dann muss sie eine Entsprechung im Bewusstsein haben«, schreibt Peter Berger.[17] Wie aber schreibt sich eine Leerstelle ins Bewusstsein ein?

Abstrakt gesagt – als Abzug. Die Leerstelle kann sich nicht positiv darstellen, als Gestalt, wie die nationale Gestalt, die hinzukommt. Sie kann sich nur als Abzug, als Weniger, als Minus manifestieren und bemerkbar machen. Genau das ist es, was den dritten Individualismus, den Individualismus der Pluralisierung ausmacht: das Minus-Subjekt. Das Weniger-Ich.

Schauen wir noch einmal die drei Individualismen an. Dem ersten Individualismus ging es um die Veränderung des Subjekts – weshalb er wesentlich durch pädagogische Institutionen getragen wurde. Institutionen also, die das Subjekt verändern wollten und meist über Disziplinierung funktionierten. Ab den 1960er Jahren hingegen ging es dem zweiten Individualismus darum, die Subjekte als die, die sie waren (beziehungsweise mit jenem Identitätsmerkmal, das sie als für sich wesentlich erkoren haben, etwa das Geschlecht oder die sexuelle Orientierung), eben *nicht* zu verändern. Deshalb ging und geht es hier wesentlich um den Ausdruck des Individuums. Der dritte Individualismus hingegen (also der Individualismus der Pluralisierung) bedeutet die Spaltung des Individuums, die

46

Erfahrung der Kontingenz, die Erfahrung der Ungewissheit, der prinzipiellen Offenheit also. Anders gesagt: Der dritte Individualismus bedeutet die Einführung der Kontingenz ins Herz dessen, was gegen die Kontingenz im eigenen Leben gerichtet sein sollte – ins Herz der Identität. (Wesentlich ist es, hier noch einmal daran zu erinnern, dass diese drei Individualismen zwar ihren Schwerpunkt, ihre Vorherrschaft abwechseln, sie aber in dieser unterschiedlichen Gewichtung heute alle drei gleichzeitig und parallel existieren.)

Das hat zur Folge, dass wir uns heute alle immer und immer wieder versichern müssen, wer wir sind und wo unser Platz ist. Diese Versicherung ist nicht mehr einfach gegeben. Diese Garantie, wer wir sind, ist nicht mehr selbstverständlich. Sie wird nicht mehr von außen und öffentlich angeboten. Diese Versicherung ist heute gewissermaßen privatisiert. Das verlangt dem Einzelnen viel ab: Er muss sich seiner eigenen Identität versichern. Wir müssen uns selbst ständig unserer eigenen Identität versichern.

Und diese unsere Identität steht heute immer neben anderen Identitäten. Das ist nicht einfach nur ein äußerliches Aufeinandertreffen. Es stellt uns vielmehr täglich und immer wieder aufs Neue in Frage. Und genau das ist es, was uns verändert: die Erfahrung, dass unsere eigene Identität immer nur eine Option unter anderen ist. Sie ist zwar unsere Identität, aber wir haben notwendigerweise auch eine Distanz zu ihr – eine Distanz zu uns selbst gewissermaßen. Heute spürt oder ahnt zumindest jeder, dass er selber nur eine Möglichkeit neben anderen ist. Dass seine Identität nicht beanspruchen kann, »normal« zu sein. Sie kann das nicht für andere – also sie kann anderen nicht mehr vorgeben, was Normalität ist. Wir können es aber auch für uns selbst nicht mehr. Das heißt: Wir können nicht mehr unhinterfragt, ungebrochen, selbstverständlich wir selbst sein. Denn wir erleben täglich: Wir könnten auch ganz anders leben, wir könnten auch ganz anders sein.

Es ist dies übrigens eine typische Minderheitenerfahrung gewesen. Bisher. Minderheiten konnten nie ungebrochene, ganze Identität leben. Sie mussten sich immer fragen, wie sie den Gegensatz zur Mehrheitsgesellschaft austarieren. Nun also ist die bisherige Minderheitenerfahrung zur grundlegenden gesellschaftlichen Erfahrung geworden. Psychopolitisch funktioniert heute auch die Mehrheitsgesellschaft wie eine Minderheit. Heute müssen sich alle der Diversität, der Vielfalt stellen. Und das heißt: Die Vielfalt hält Einzug in unser Innerstes, in unsere ganz eigene Identität. Ob man das nun will oder nicht.

Pluralisierung bedeutet also: Vielfalt, die sich in jeden von uns einschreibt. Und übersetzt für den Einzelnen bedeutet Pluralisierung: weniger Identität! Wir sind heute weniger Ich, weil wir eingeschränkt, weil wir nicht selbstverständlich, weil wir in Frage gestellt sind. Wir sind nicht-volle Ichs, unsere eigenste, unsere persönliche Identität ist heute immer auf andere Identitäten bezogen, auf Identitäten, die ganz anders sind. Wir müssen heute notwendigerweise die Außenperspektive auf uns in unsere Innenperspektive, in die Innerperspektive darauf, wer wir sind, einbeziehen. Wir sind weniger selbstverständlich Ich. Wir leben im *identitären Prekariat*. Und wie jedes Prekariat verlangt uns das mehr Arbeit ab als gesicherte, fixe Verhältnisse.

Es bedeutet also mehr Aufwand, weniger Ich zu sein. So lautet die paradoxe Folge des pluralisierten Individualismus.

Wenn in einer Schulklasse muslimische Schüler neben jüdischen und atheistischen Schülern sitzen, migrantische neben nicht-migrantischen Deutschen – dann verändert das jeden Einzelnen, der da sitzt. Nicht weil es notwendig zu Mischformen kommt, den berühmten hybriden Identitäten. Noch

48

grundlegender als die Vermischung ist die Veränderung der bestehenden Identitäten: Jeder erlebt heute seine Identität im Wissen, dass der Andere, der Nachbar eine andere Identität hat. Diese Erfahrung nimmt der Identität deren Selbstverständlichkeit. Es schränkt sie ein. Sie weiß, dass sie nur eine Option unter anderen ist. In diesem Sinne schreibt sich Pluralisierung eben als Minus, als Weniger, als Abzug von unserer jeweiligen Identität in uns alle ein. In diesem Sinn muss sich jeder – schon von klein auf – seiner prekären Identität versichern.

Nun ist zu der Prekarisierung der Identitäten anzumerken, dass diese nicht unabhängig von der gesamtgesellschaftlichen Prekarisierung zu denken ist. Die ökonomische Deregulierung hat unser aller Existenz ihrer Sicherheitsgarantien beraubt. Sie hat uns alle, die wir in den westlichen Nachkriegsordnungen leben, aus den gesicherten Wohlfahrtsszenarien entlassen. Freigesetzt sozusagen.

Trotzdem aber lassen sich die Veränderungen des Kapitalismus, die wir unter den Begriff »Neoliberalismus« fassen, nicht einfach gleichsetzen mit den psychopolitischen Veränderungen unserer gesellschaftlichen Identität. Nicht nur weil der Zusammenhang von Ökonomie und Identität nicht mechanisch als einfache Determinierung, als direkte, unmittelbare Bestimmung also zu denken ist. Sondern auch weil die Veränderung der Identitäten eben nicht nur vom neuen Kapitalismus, sondern eben auch von der Pluralisierung, also der völlig neuartigen Zusammensetzung der Gesellschaft, bestimmt ist.

Insgesamt gilt: Subjektivität erschöpft sich nie in der Zurichtung durch die ökonomischen Vorgaben. So ging schon das demokratische Rechtssubjekt des ersten Individualismus über die Unterwerfung des industriellen Kapitalismus hinaus. Und auch das singularisierte Individuum des zweiten Individualismus ist nicht einfach das Subjekt, das der Neoliberalismus erzeugen möchte – also das vereinzelte Subjekt, das ständig an seiner Selbstoptimierung arbeitet, das allein, ohne Solidargemeinschaft in der Konkurrenzgesellschaft bestehen muss. Das vereinzelte Subjekt, das mit Haut und Haaren in den kapitalistischen Prozess eingespeist wird. Nicht nur ist Subjektivität das, was sich über diese Zurichtungen hinaus – und auch gegen diese – entwickelt. Aber auch ein extrem raffiniertes System wie der Neoliberalismus, das darauf abzielt, die Ressource »Mensch« als Ganzes, also nicht nur die Arbeitskraft, sondern auch die geistigen Potenziale anzuzapfen – nicht einmal dieser ist ein so totales System, dass er das Leben, die Gesellschaft, die Subjekte gänzlich bestimmen könnte. Am Beispiel der Vereinzelung zeigt sich das besonders deutlich.

Als neoliberale Subjekte sind wir eine Gesellschaft von vereinzelten Individuen, die nur der Umlaufbahn ihrer eigenen Karriere folgen. Als pluralisierte Subjekte hingegen sind wir sehr wohl Teil von Gruppen – keine Gesellschaft von Vereinzelten, sondern eine Gesellschaft von zahlreichen kollektiven Identitäten. Was nun passiert, ist aber eine Veränderung ebendieser Subgruppen, dieser kollektiven Identitäten. Diese Veränderung ist nicht die neoliberal erwartbare einer Loslösung und Vereinzelung. Es ist vielmehr eine pluralisierte Gruppenzugehörigkeit. Wurden die kapitalistischen Veränderungen durch Neoliberalisierung und Globalisierung als »globales Dorf« beschrieben – als Herstellung einer Einheitskultur –, so zeitigt die Pluralisierung ganz andere Folgen.

Entgegen der verbreiteten Annahme leben wir auch heute nicht als Vereinzelte, sondern in unterschiedlichen, meist in mehreren Subgruppen. Es gibt also eine Pluralisierung, eine Vervielfältigung von Milieus, von kollektiven Identitäten. Dieses Nebeneinander der unterschiedlichen Subgruppen, dieses Nebeneinander, wie auf dem Plakat – Tracht neben Kopftuch –, bewirkt etwas. Und diese Wirkung ist eben nicht das, was man als »globales Dorf« bezeichnen könnte. Diese Wirkung ist vielmehr etwas, was man »globale Stadt« nennen könnte. Nicht im Sinne von Saskia Sassen, die diesen Begriff geprägt und auf ein weltweites Städtesystem als Zentren der Globalisierung bezog.[18] Nein, globale Stadt bezieht sich im vorliegenden Zusammenhang auf das Städtische. Wenn man dieses Städtische, die Urbanität als Nebeneinander heterogener, pluraler Lebensformen versteht, dann muss man von einer umfassenden Urbanisierung sprechen.

Das bedeutet zum einen, dass selbst der ländliche Raum heute urbanisiert ist – in dem Sinne, dass es auch im Dorf, dem Prototypen homogener Lebensweise, Pluralisierung gibt. In jedem deutschen oder österreichischen Kaff findet man heute eine Dönerbude. In jedem Nest begegnet man mittlerweile Menschen, die nicht zur »angestammten« Bevölkerung zählen. Es gibt also eine Urbanisierung des ländlichen Raums. In diesem Sinne hat die Stadt heute (fast) jedes Dorf erfasst. Zum anderen aber zeigt sich, dass auch die dörfliche Kultur, die in die Städte transferiert wird, selbst bei größter Abschottung, der Veränderung, der Transformation nicht entgehen kann. Ob das nun anatolische Dorftraditionen in deutschen Großstädten, Schtetl-Anmutungen in der Wiener Innenstadt oder alpine Kulturenklaven sind: Es gibt das Dorf nicht mehr – weder am Land noch in der Stadt. Das Nebeneinander der Lebenswelten verändert jede davon. (Übrigens auch jene Lebenswelten, die sich selbst als genuin urban verstehen.)

Das Wissen, die Erfahrung der Unterschiede, das Erleben der Vielfalt schreibt sich in jeden von uns ein. Unabhängig davon, wie man dazu steht. Pluralität übersetzt sich für den Einzelnen als ein Weniger, als eine Einschränkung seiner eigenen Identität.

An dieser Stelle sollte man das unter dem Namen Böckenförde-Diktum berühmt gewordene Argument betrachten. »Der freiheitliche, säkularisierte Staat lebt von Voraussetzungen, die er selbst nicht garantieren kann«, schreibt Ernst-Wolfgang Böckenförde.[19] Diese Voraussetzungen, die »inneren Regulierungskräfte« der Bürger, aus denen der Staat seine Bindungskraft beziehen soll, werden für Böckenförde im Wesentlichen vom religiösen Glauben bereitgestellt. In der nachfolgenden Diskussion hat sich diese vorpolitische »moralische Substanz«, aus der sich die demokratische Ordnung speisen soll, erweitert: Neben der Religion kann es noch andere Arten solcher Bindungskräfte geben. Tatsächlich aber sind diese »Voraussetzungen« – ob religiös, sittlich oder identitär – nicht die verleugneten Munitionslager des demokratischen Staats. Vielmehr besteht die nackte Demokratie – dort also, wo sie von ihrer nationalen Gestalt entkoppelt ist – gerade darin, diese »Vorrausetzungen« zu verändern. Sie greift nicht auf ein ihr fremdes Arsenal zurück (um sich aufzumunitionieren) – sie besteht vielmehr in einer veränderten Aneignung, in einer neuen, reduzierten Art, solche Identitäten zu bewohnen. In diesem Sinne lässt sich Demokratie heute eben nicht über Werte und Inhalte, sondern als ein spezifisches Verhältnis zur Gesellschaft, zu Identitätsgruppen und zu sich selbst verstehen.

Demokratie ist also keine Mangelordnung, die Schulden bei vollen Identitätssystemen aufnehmen muss, wie Böckenförde oder mehr noch seine Nachfolger unterstellen. Psychopolitisch ist sie die Produktion von genuin demokratischen Subjekten, von Subjekten also, in deren Identität der Mangel, die Einschränkung als Betriebsmodus (und nicht als Störung) eingeschrieben ist.

Sind demnach pluralisierte Subjekte mit ihren eingehegten Identitäten die wahren demokratischen Subjekte? Sie wären es – weil ihr Weniger-Ich psychopolitisch der Kategorie der demokratischen Leere entspricht. Weil ihrer Minus-Identität ein Moment der Leere, also der Revidierbarkeit, der Veränderbarkeit der eigenen Identität anhaftet. Sie verkörpern sich sozusagen nicht mehr selbst, wie einst der Monarch die ganze Gesellschaft. Sie besetzen nur ihre eigene Identität, eine Besetzung, die durchaus wechseln kann. Pluralisierte Subjekte wären also genuin demokratische Subjekte –, wenn nicht gleichzeitig mit deren Entstehen auch Abwehrformen gegen diese Pluralisierung auftauchen würden. Diesen Abwehrformen werden wir uns in den nächsten Kapiteln zuwenden.

Was wir jetzt schon festhalten müssen, ist die Erkenntnis, dass wir uns alle, wie schon erwähnt, neu formieren, re-territorialisieren müssen. Denn wir sind alle, ob nomadisch oder sesshaft, de-territorialisiert. Alle Identitäten sind heute prekär geworden. Re-territorialisieren aber heißt, sich in etwas Neues integrieren – in die pluralisierte Gesellschaft. Das ist ein ziemlich schwieriges Unterfangen. Nicht weil wir vielleicht den Text unserer eigenen Hymne nicht kennen oder weil wir nicht über all jene Kenntnisse verfügen, die Migranten bei der Neueinbürgerung abgefragt werden. Nein – unser aller Integration ist schwierig, weil wir uns auf neue Art integrieren müssen. Weil wir also ein neues Verhältnis zur Gesellschaft und ein neues Verhältnis zu uns selbst finden müssen.

Migranten werden immer wieder danach gefragt, für wen sie beim Fußball die Daumen drücken. Daran soll der Grad ihrer Integration abgelesen werden. Die Frage verkennt aber diese Veränderung völlig. Selbst wenn ein türkischer Migrant die Daumen für Deutschland drückt, so hat er trotzdem keine volle deutsche Identität. Und wenn er zur Türkei hält, so ist er deswegen doch kein voller Türke mehr. Die nationale Identität hat sich gewissermaßen pluralisiert: Ihre Bürger haben nun eine nicht-volle Identität. Emotion ist da kein Indikator. Denn nicht-voll bedeutet nicht abgekühlt. Es geht aber auch nicht um Hybridisierung, also um Misch- oder Bindestrich-Identitäten wie etwa Deutsch-Türke. Nein, die Veränderung durch Pluralisierung ist viel weitreichender. Denn sie gilt nicht nur für Leute, die gemischt sind. Sogar wenn wir nicht gemischt sind, sogar wenn wir der kulturellen und nationalen Identität genügen, sogar protestantische Norddeutsche und katholische Österreicher sind heute nicht-volle Identitäten, sind heute nicht-volle Citoyens. Diese Einschränkung ist nicht Folge einer Wertentscheidung, einer moralischen Regulierung oder einer Einübung in Toleranz. Sie ist vielmehr Folge der Pluralisierung. Die eigene Identität, die ethnische, religiöse, kulturelle, auch die soziale Identität wird durch die Pluralisierung zu einer nicht-vollen Identität. Wir sind, in diesem Sinne, in unserem Innersten längst alle pluralisierte Individuen.

Ist das nun ein Vorteil oder ein Nachteil – so eine prekarisierte, so eine nicht-volle Identität? Das lässt sich nicht so eindeutig sagen. Nun, der dritte Individualismus ist keine gewollte, keine willentlich herbeigeführte, keine erkämpfte Identität. Sie ist vielmehr passiert. Ein Effekt, eine Folge der heutigen Lebensumstände. Und diese Folge ist kein autonomes, selbstermächtigtes Subjekt. Der pluralisierte Individualismus hat – zunächst – keinen eigenen Inhalt. Es gibt keine eigene Bestimmung des pluralisierten Individuums wie etwa den abstrakten Citoyen oder das singularisierte Identitätssubjekt. Was ihn auszeichnet, ist einzig die Einschränkung seiner Identität. Das aber ist ein Unterschied ums Ganze. Im Gegensatz zum ersten und im Gegensatz zum zweiten Individualismus wissen die Leute meist nicht, dass sie längst pluralisierte Subjekte geworden sind. Aber sie spüren, dass ihre Traditionen brüchig, dass ihre Identitäten prekär geworden sind. Und sie empfinden die Anstrengung, diese prekäre Identität herzustellen und zu halten. Manche empfinden das als Freiheit, als Befreiung. Manche erleben das aber als Verlust, als tiefe Verunsicherung und somit als Bedrohung. In jedem Fall aber ist klar, dass wir heute andere Subjekte sind, als es die Subjekte der homogenen Gesellschaft waren. Ja mehr noch: Wenn wir alt genug sind, dann sind wir selbst andere Subjekte, als wir es noch in der relativ homogenen Gesellschaft Ende des 20. Jahrhunderts waren.

Und da stellt sich die Frage: Wie können wir als solche, als pluralisierte Individuen zusammenleben? Denn das radikal Neue an dieser Pluralität liegt nicht einfach darin, dass unsere Gesellschaften moralisch und religiös vielfältiger werden. Das radikal Neue liegt darin, dass wir überhaupt kein Weltbild mehr haben, »das von allen geteilt wird« (wie Charles Taylor es genannt hat). Wie aber können wir, wie können pluralisierte Individuen ohne ein gemeinsames Weltbild, ohne geteilte Überzeugungen zusammenleben?

Die Gesellschaft des dritten, des pluralisierten Individualismus tut sich schwer damit, eine übergreifende Identität, eine Identität, die alle umfassen würde, anzubieten. Alles, was sie anbieten kann ist – Neutralität.

Diese Neutralität materialisiert sich als Zone, als Raum, als öffentlicher Raum. Wenn unterschiedliche Kulturen, Religionen, Identitäten aufeinandertreffen, die sich nun eine Gesellschaft »teilen« sollen, dann braucht es dringend eine neutrale Öffentlichkeit. Dann bedarf es neutraler Zonen, in denen sich diese Verschiedenheiten begegnen können. Bereiche, in denen man auch als Verschiedener, als Pluralisierter gleich sein kann. Es bedarf des öffentlichen Raums, der Öffentlichkeit als einer neutralen, als einer Begegnungszone. Eine Begegnungszone, die nicht nur ein Raum der Gleichen ist – wo Gleichheit sich also nicht über die Ähnlichkeit herstellt, wie wenn sich etwa

Männer mit Trachtenhüten treffen. Eine Begegnungszone, die ein Raum der Unterschiede ist – wo auch Unterschiedliche Gleiche sein können. Bisher hat sich dies nur im Bereich der Abstraktion, etwa im Bereich des Rechts, realisiert. Wir aber brauchen heute eine nicht-abstrakte Begegnungszone, wo Unähnliche sich als Gleiche begegnen können.

Denn die entscheidende Frage für unser heutiges Zusammenleben, die hat Pierre Rosanvallon gestellt. Sie lautet: Wie kann man zugleich gleich und verschieden sein?[20] Die Zukunft unserer Gesellschaft hängt davon ab, ob wir darauf eine Antwort finden.

Kapitel 3

Schauplatz Religion:
Der pluralisierte Gläubige

Im letzten Kapitel sind wir erstmals jenem neuen Individualismus, der unsere Gegenwart prägt, jener neuen Individualität, die wir heute alle sind, begegnet: dem pluralisierten Subjekt. Nun wollen wir dieser Figur bei ihren Auftritten auf den unterschiedlichsten Feldern folgen. Der erste Schauplatz ist jener, der für das pluralisierte Subjekt von besonderer, von akuter Bedeutung ist: die Religion.

Auch in Bezug auf die Religion geht es darum, die Veränderung, die die Pluralisierung bedeutet, in den Blick zu bekommen. Auch hier geht es darum, den Unterschied zu verstehen zwischen einem nicht-pluralisierten und einem pluralisierten Glauben. Was macht den pluralisierten Gläubigen aus? Was ist das Spezifische seiner Religiosität?

Um diese Veränderung zu ermessen, muss man sich erst einmal der allgemeinen, der grundlegenden Funktionsweise von Religion, von Religiosität überhaupt, zuwenden. Slavoj Žižek ist da ein guter Gewährsmann. Nicht zuletzt weil er ein Philosoph mit einer besonderen Vorliebe für drastische Beispiele ist. Für unseren Fall, für die Religion, also dafür, wie Religion funktioniert, greift er immer wieder auf das Beispiel der tibetanischen Gebetsmühle zurück. Diese Gebetsmühle funktioniert so: Man schreibt ein Gebet auf ein Papier, rollt es zusammen und steckt es in ebendiese Mühle. Und dann dreht man. Automatisch. Das ist der springende Punkt: Man dreht automatisch, das heißt, man kann sich dabei, so Žižek in der ihm eigenen Art, den »schmutzigsten und obszönsten Phantasien« hingeben – »objektiv betet man«.

Dieses Beispiel zeigt: Religiöser Glaube lässt sich nicht einfach auf eine innere Überzeugung, auf einen *subjektiven* Glauben beschränken. Religiöser Glaube ist vielmehr immer auch an etwas Äußerliches, an etwas ganz Materielles gebunden. Der Glaube hat also nicht nur eine subjektive, er hat auch eine objektive Dimension.

Tatsächlich aber verkürzt Žižek hier die Verhältnisse. Ich könnte mich zum Beispiel hinsetzen und stundenlang so eine Gebetsmühle drehen, es hätte nicht den geringsten spirituellen Effekt – ob mit oder ohne obszöne Phantasien. Man muss also ergänzen: Die Objektivität des Glaubens funktioniert nur, wenn der Glaube in ein Ganzes eingebettet ist, wenn er von einem »organischen« Umfeld getragen wird: von Familie, Tradition, Kultur. Religiöser Glaube ist nicht einfach eine innere Überzeugung, sondern wird von äußeren Dingen, von Institutionen gestützt. Darüber hinaus aber bedarf er einer Beziehung zu diesen äußeren Dingen. Bei der tibetanischen Gebetsmühle bedeutet das: Die innere Hingabe an das Ritual ist nur dann überflüssig, wenn der Gläubige Teil dieses Universums ist, wenn die religiöse Kultur, in der einer Mühle spirituelle Kraft zugesprochen wird, seine Welt ist. Man muss an die Gebetsmühle »glauben«, um nicht innerlich glauben zu müssen. Erst dann sind auch abschweifende Phantasien möglich.

In seiner traditionellen Form (und ich abstrahiere hier absichtlich von spezifischen Religionen) ist der religiöse Glaube also eine besondere Art der Zugehörigkeit, eine Form der Einbindung des Einzelnen in eine Gemeinschaft. Religion im traditionellen Sinn bettet den Gläubigen in ein ganzes soziales Universum ein. In dieser Welt weist sie dem Einzelnen seinen

Platz zu – einen Platz, der durch die Tradition bestimmt wird: Die Tradition kommt von den Vorfahren, durchquert die Individuen, die ihr nichts hinzufügen, und geht an die Kinder weiter.[21] Religion ist also nicht nur eine vertikale Beziehung – zum Himmel, zu Gott. Sie ist auch eine horizontale Verbindung durch die Zeit hindurch, eine Verbindung des Einzelnen mit seinen Vorfahren und mit seinen Nachfahren. Religion befördert also nicht das Individuum. Sie reiht den Einzelnen vielmehr in eine Kette, in eine Generationenfolge ein.

Das ist eine paradoxe Art der Zugehörigkeit. Zum einen ist sie ent-subjektivierend: Die Einreihung des Einzelnen in die Kette, in die Tradition erfolgt quasi ohne sein Dazutun. In diesem Sinne ist Religion eine ent-subjektivierende Ordnung. Zum anderen aber ist das, was der Gläubige dafür erhält, eine volle Identität und eine direkte, eine selbstverständliche, eine ganze Zugehörigkeit.

Hier haben wir das Paradoxon der vollen Identitäten in Reinform: Man hat nur dann eine volle Identität, wenn diese einen zugleich ent-subjektiviert. Man ist nur dann ein ganzes Ich, wenn man eingereiht *wird*. Selbstverständliche Identität und Einreihung in eine Kette fallen also, wie man beim Glauben sieht, zusammen.

Das war die traditionelle Form. Heute aber leben wir in einer pluralisierten Gesellschaft. Und Pluralisierung bedeutet, dass alle vollen Identitäten in die Krise geraten. Oder wertfrei gesagt: Alle vollen Identitäten erfahren eine massive Veränderung. Pluralisierung der Gesellschaft meint nicht einfach Vielfalt, sie bedeutet einen tiefgreifenden Wandel gerade der europäischen Gesellschaften. Das radikal Neue an dieser Pluralität liegt nicht einfach darin, dass unsere Gesellschaften vielfältiger werden – moralisch und religiös. Das radikal Neue liegt darin, dass wir selbst uns so grundlegend verändern in einer Gesellschaft, die kein gemeinsames Weltbild mehr hat. Für den Einzelnen bedeutet das: Sein Selbstverständnis verändert sich, seine ehemals volle Identität erodiert. Und das gilt auch und besonders für die Religion. Das gilt auch und besonders für den Gläubigen.

An dieser Stelle muss man anmerken, dass es keineswegs selbstverständlich ist, sich heute noch mit dieser Fragestellung zu beschäftigen. Galt doch seit der Aufklärung die Moderne als Säkularisierung der Gesellschaft. Mit fortschreitender Tendenz. Also je moderner, desto säkularer. Nun hat sich in den letzten zehn, zwanzig Jahren gezeigt, dass diese These nicht mehr stimmt. Wir mussten erstaunt eine unerwartete Rückkehr der Religionen verzeichnen (auch wenn diese niemals wirklich gänzlich verschwunden waren).

Nun ist diese Rückkehr nicht notwendigerweise ein Rückgang, ein Rückschritt der Moderne. Auch wenn das auf den ersten Blick ein erstaunlicher Befund sein mag. Es gilt vielmehr, die Moderne neu zu konzipieren. Modernität muss heute ausgehend von der Pluralisierung gedacht werden. Das Kennzeichen der Moderne heute ist nicht der Rückgang der Religiosität, sondern vielmehr deren Veränderung: eine Veränderung durch Pluralisierung.

Diese Veränderung, diese Verschiebung, die der Glaube heute erfährt, ist nicht so sehr eine Veränderung des Glaubensinhalts. Es ist vielmehr eine Veränderung der Form, der Art, wie wir heute glauben. Diese Veränderung betrifft also nicht so sehr die Frage: Was glauben wir heute? Sie betrifft vielmehr die Frage: Wie glauben wir heute? Und diese Veränderung setzt genau an den zwei paradoxen Elementen der Einbindung an: Die Pluralisierung verändert die ehemals volle Identität des Gläubigen, und sie verändert seine Ent-Subjektivierung, seine Einreihung in die Tradition.

Wie wir gesehen haben, erfahren heute alle vollen Identitäten, alle vollen Zugehörigkeiten eine Veränderung, weil die Spaltung Eingang in die Identität selber gefunden hat. Das gilt auch für die religiöse Identität. Ob dies ein zivilisatorischer Fortschritt, eine emanzipatorische Entwicklung ist, bleibt offen. Aber eines ist klar: Die Vorstellung einer vollen Zugehörigkeit war zwar eine Illusion, eine funktionierende Illusion. Aber das, was die Illusion der vollen Zugehörigkeit heute verhindert, sind nicht Vernunft, Erkenntnis oder Einsicht, sondern einfach die Pluralisierung – die Vielzahl von »vollen« Identitäten, die heute nebeneinander existieren. In seiner Studie »Ein säkulares Zeitalter« schreibt Charles Taylor, der Gläubige könne heute nicht mehr im vollumfänglichen Sinn gläubig sein, da sein Glaube immer neben anderen Glauben ebenso wie neben dem Nichtglauben bestehen müsse. Die Pluralität konkurrierender Identitäten, Überzeugungen, Gemeinschaften hat also Eingang in den Glauben selbst gefunden. Dieser funktioniert nicht mehr als einfache Behauptung, sondern nur noch als Gegenbehauptung. Gegen andere Glaubensformen. Und gegen den Nichtglauben. Man könnte diesbezüglich von einer doppelten Pluralisierung sprechen: Da ist zum einen die Vielfalt der Religionen, die nunmehr in ein und derselben Gesellschaft koexistieren. Und da ist zum anderen jene andere Vielfalt, jene andere Pluralisierung, die säkulare und (unterschiedliche) religiöse Welten in ein und derselben Gesellschaft koexistieren lässt. Peter Berger spricht deshalb von »zwei Pluralismen«[22]. Dies bedeutet aber, dass es heute für jeden Fall tatsächliche Alternativen gibt, sodass es »schwerfallen kann, den eigenen Glauben durchzuhalten«[23]. Naiv, also direkt und selbstverständlich, kann nicht mehr geglaubt werden.

Religiöse Identität funktioniert heute nicht mehr nach dem Modus der vollen Identität. Selbst der überzeugteste Gläubige gehört heute seiner Gemeinschaft nicht mehr voll an, sondern gewissermaßen nur noch nicht-voll. Nicht-voll aber heißt, dass die eigene Überzeugung und auch Bindung immer Bescheid weiß, dass sie nur eine Möglichkeit unter anderen ist. Man glaubt gewissermaßen »trotzdem«.

Man könnte dies als eine *partielle Säkularisierung* bezeichnen. Religiöser Glaube ist heute nur als partiell säkularisierter Glaube zu haben. So paradox das auch klingen mag. Diese partielle Säkularisierung wird wesentlich durch ein weiteres Element gefördert: durch die neue Sichtbarkeit der unterschiedlichen Religionen. Die neue, zunehmende Sichtbarkeit vielfältiger Religionen, die mit ihrer Pluralisierung einhergeht.

In Österreich gab es, in der Nachfolge des habsburgischen Vielvölkerstaates, schon lange große religiöse Minderheiten. Aber bis vor kurzem folgte daraus kein religiöser Pluralismus. Das hatte zwei Gründe: erstens die – nach wie vor bestehende – besondere Stellung der katholischen Kirche. Zweitens aber stand Österreich noch bis vor kurzem im Zeichen eines unangefochtenen Josephinismus. Also im Zeichen jenes Toleranzpatents, das Joseph II. im Jahr 1781 erlassen hat. Dieses Toleranzpatent gewährte religiösen Minderheiten zwar das Recht auf Religionsausübung – aber nur »in Bethäusern ohne Turm und zur Straße führenden Eingang«. Also Kult ohne Sichtbarkeit. Noch heute ist etwa die Hauptsynagoge der Wiener Juden solch ein von außen unkenntliches Bethaus – also ein Haus, dessen religiöse Funktion unsichtbar bleibt.

Im Streit um jedes sichtbare religiöse Symbol – vom Minarett bis zum Kopftuch – wird deshalb hierzulande unausgesprochen die Frage mitverhandelt: Ist der Josephinismus, also die Nicht-Sichtbarkeit der anderen, der nicht-katholischen Religionen, noch adäquat? Ist diese josephinische Toleranz, die ja ein Modell des aufgeklärten Absolutismus ist, ist dieses Modell noch angemessen für Demokratien, für pluralisierte Demokratien? Denn was bedeutet diese Unsichtbarkeit? Sie bedeutet, die andere Religion hinzunehmen und gleichzeitig deren Anerkennung zu vermeiden.

Die zunehmende Sichtbarkeit wirft aber auch die Frage auf: Wofür stehen die sichtbaren religiösen Symbole von migrantischen Minderheiten? Stehen sie fürs Ankommen oder fürs Nichtankommen? Bedeuten sie, diese religiöse Gruppe ist angekommen und beansprucht hier ihren Platz, oder bedeuten sie, diese religiöse Gruppe will nicht ankommen, sondern das Zwischenreich ihrer Parallelgesellschaft institutionalisieren? Ist Sichtbarkeit das Zeichen für mangelnde oder für gelungene »Integration«? Das Problem dabei ist, dass diese religiösen Zeichen eben keine eindeutigen Zeichen sind, dass sie bestenfalls eben beides gleichzeitig sind – Parallelwelt und Integration.

Auch *das* Zeichen einer problematischen Sichtbarkeit von Religion schlechthin, das vielzitierte Kopftuch, entgeht dieser Ambivalenz nicht. Wenn immer wieder gesagt wird, das muslimische Kopftuch sei doch nur ein Stück Stoff – dann muss man dem entgegenhalten, dass das Erregungspotenzial, ob nun berechtigt oder nicht, sich nicht auf die Materialität des Kopftuchs bezieht, sondern auf dessen Symbolgehalt. Und dieser besagt: Das Kopftuch ist ein volles Zeichen. Das Zeichen einer vollen, einer ungebrochenen kulturellen und religiösen Zugehörigkeit. Deswegen regt es auf. Deswegen erhitzt dieses Stück Stoff die Gemüter.

Zumindest ist es in der öffentlichen, in der gesellschaftlichen Wahrnehmung ein volles Zeichen. Für die Trägerinnen selbst – und hier zeigt sich die Ambivalenz des Zeichens – mag das Kopftuch genau das Gegenteil sein. Es mag ein Distinktionsmerkmal sein, etwa junger Mädchen gegen die Mehrheitsgesellschaft, es mag das Zeichen einer selbstbewussten

Identitätsbehauptung sein – es mag also das Zeichen einer Selbstermächtigung und eben nicht das Zeichen einer unhinterfragten vollen Zugehörigkeit sein. Die Motivationen für das Kopftuch sind so vielfältig, sie decken die ganze Skala von Unterwerfung bis Aufbegehren ab. Von außen lässt sich darüber kein abschließendes Urteil fällen. Eindeutig aber ist: Solange das Kopftuch (und alle weiteren weiblichen Verhüllungen) von einer breiten Öffentlichkeit als volles Zeichen gesehen wird, bleibt es als solches ein Fremdkörper in einer pluralisierten Gesellschaft.

Aber die Bedeutung, die eindeutige Zuschreibung von Zeichen ist wandelbar. So kann die Pluralisierung die Bedeutung des Kopftuchs, dessen Wahrnehmung als volles, als eindeutiges Zeichen unterlaufen. Sie kann zu dessen Uneindeutigwerden beitragen und so dessen gesellschaftliche Akzeptanz befördern.

Ein wesentlicher Mechanismus solch einer Umcodierung ist die Mode. Sie reduziert ethnische, kulturelle, religiöse oder politische Zeichen auf rein ästhetische Differenzen. So wie das vor Jahren etwa mit der Trachtenmode versucht wurde. Vielleicht sind ja die schicken jungen Frauen mit Kopftuch, die man immer öfter auf der Straße sieht, die Lösung des Problems. Vielleicht gelingt es ihnen, das Kopftuch umzucodieren – von einem religiösen zu einem (auch) ästhetischen Zeichen. Damit verwandelt sich ein eindeutiges in ein uneindeutiges Zeichen.

In jedem Fall gibt es hier bereits eine Bewegung, eine Umcodierung, die sich auch daran ablesen lässt, dass sich die gesellschaftliche Ablehnung zunehmend vom Kopftuch zur Burka verlagert – die nun unmissverständlich und eindeutig ein volles Zeichen ist.

In jedem Fall aber gilt: Die neue Sichtbarkeit der unterschiedlichsten Religionen ist sowohl Ursache als auch Folge der Pluralisierung: Denn erst durch die Sichtbarkeit wird aus einer Vielzahl an Religionen eine Pluralität. Und gerade die sichtbare Pluralität führt dazu, dass jeder religiöse Glaube heute neben anderen Glauben bestehen muss – dass er nur als partiell säkularisierter Glaube zu haben ist. Das ist das Paradoxon der Religion in einer pluralisierten Gesellschaft. Ihr erstes Paradoxon.

Ihr zweites Paradoxon zeigt sich an der Veränderung jenes anderen Moments, das die Religion prägt. Nicht nur die volle Identität des Gläubigen hat sich verändert – auch die Einreihung des Gläubigen in die Tradition, seine Einreihung in die Generationenfolge, die äußerliche Zuweisung an seinen Platz, seine Ent-Subjektivierung also hat sich verändert.

Und diese Veränderung rührt daher, dass ein wesentlich säkulares Element Eingang in den Glauben gefunden hat: die Entscheidung. In unhintergehbar pluralisierten Gesellschaften bedarf der Glaube einer Entscheidung.

Erinnern wir uns an das spektakuläre »Beschneidungsurteil« des Landesgerichts Köln. Die Richter begründeten ihr Urteil damit, dass der Körper durch die Beschneidung »irreparabel verändert« werde und damit dem Interesse des Kindes zuwiderlaufe, »später selbst über seine Religionszugehörigkeit (zu) entscheiden«. Und genau dieses Entscheiden ist der springende Punkt.

Denn eine solche Entscheidung ist ein säkulares Element: Das entscheidende Subjekt bedarf einer Subjektivität, die eben gerade nicht die Subjektivität des Glaubenden ist – sondern vielmehr deren Gegenteil. Die Entscheidung für eine Religion trifft man als mündiges, autonomes Subjekt. Entscheidung ist aber nicht der Modus, in dem die meisten Religionen ihre Zugehörigkeiten regeln. Aus religiöser Sicht ist der Gläubige kein mündiger Bürger, der seine Religion frei wählt.

Denn in der religiösen Innenperspektive gibt es keine Wahl des Glaubens. Das würde ja voraussetzen, dass der spätere Gläubige vorher schon jemand war, jemand, der eine Wahl treffen kann. Aus religiöser Sicht ist aber die religiöse Identität die grundlegende, die bestimmende, die selbstverständliche Identität, aus der heraus man später agiert. Eine Glaubenszugehörigkeit ist nicht dasselbe wie eine Vereinsmitgliedschaft. Sie ist gewissermaßen das Gegenteil davon.

Das Urteil der Kölner Richter ist insofern beachtlich, als es mit dem Moment der Entscheidung für einen Glauben – und damit natürlich auch der Möglichkeit, sich dagegen zu entscheiden – das Moment von Freiheit und Mündigkeit in die Religionen einführen möchte. Damit stützen sich die Richter auf ein säkulares Menschenbild, das den Gläubigen zum ebenso mündigen Subjekt machen möchte, wie es der Staatsbürger ist. Das Urteil verlangt dem Judentum und dem Islam – also den beiden Religionen, die ihre männlichen Kinder beschneiden – nichts weniger als eine Säkularisierung, ein säkularisiertes Verständnis ihrer Religionen ab. Kein Wunder, dass die Religionsgemeinschaften aufheulen. Sie verstehen den Begriff der Religionsfreiheit ganz anders.

Tatsächlich aber haben die Richter den neuralgischen Punkt getroffen: Die neue Glaubensform, die heutige Form, unseren Glauben zu bewohnen, besteht gerade darin: Man wählt einen Glauben. Man sucht sich eine persönliche Zugehörigkeit aus. Ist das ein Fortschritt, ein religiöser Fortschritt?

Ein Mann an der Supermarktkasse erzählte mir beim Zahlen, er feiere Weihnachten. Es sei zwar nicht seine Tradition (er kommt aus Afghanistan), aber er feiere es. Ebenso wie Silvester, dann sein Neujahr und dann noch zwei weitere Feste. Ist das nicht der alte Multikulti-Traum – meine Feste, deine Feste, alles wird gefeiert?

Was aber ist der Unterschied, wenn man Feste seiner eigenen Tradition begeht, und wenn man Feste feiert, die nicht die eigenen sind? Eine einfache Frage. Und eine akute Frage in einer pluralisierten Gesellschaft. Die Antwort aber ist höchst paradox.

Die eigenen Feste sind Feste der eigenen Religion. (Auch Weihnachten, das bei allem Konsumismus und bei all seiner Säkularisierung, also bei seiner Verkitschung hin zum allgemein Gefühligen, ja doch ein religiöses Fest ist.) Diese Feste sind eingebettet in die eigene Kultur. Sie wurden einem gewissermaßen vorgesetzt. Man feierte sie, wie die Tibeter ihre Gebetsmühle drehen: automatisch, selbstverständlich, ohne sie zu hinterfragen.

In einer pluralisierten Gesellschaft aber sieht das ganz anders aus. In solchen Gesellschaften bedarf der Glaube einer Entscheidung. Aber nicht nur der Migrant kann sich dazu entscheiden, Weihnachten zu feiern. Auch der eingeborene Katholik kann, nein, er muss sich in einer säkularen, pluralisierten Welt entscheiden, Weihnachten zu feiern – oder eben nicht (was als religiöser Rest Probleme mit der Familie geben kann). Diese Entscheidung aber trifft man als mündiges, als autonomes Subjekt. Das ist das genaue Gegenteil von dem, wie Religionen ihre Zugehörigkeiten regeln. Denn eine Glaubenszugehörigkeit beruht ja gerade nicht auf einer eigenen Entscheidung.

Heute wählen wir unseren Glauben. Einen oder mehrere. Egal. Der springende Punkt ist die Wahl. Das ist ein Unterschied ums Ganze. Denn Wählen ist säkular. Die säkulare Welt besteht heute nicht nur neben der religiösen Welt. Das Säkulare ist auch ins Herz der Religion eingedrungen. Statt in eine Überlieferung eingeordnet zu werden, eignet man sich Traditionen an – eigene oder fremde. Statt Zuweisung zu einem Platz, wird ein Platz eingenommen. Selbständig. Die selbst gewählte Tradition (was für ein Paradoxon!) hat den gegenteiligen Effekt von früherer Religiosität: Statt durch die Einreihung in die Kette der Generationen ent-subjektiviert zu werden, wird das Ich, indem es wählt, gestärkt.

Wenn der Mann an der Kasse also das hiesige Weihnachten feiert, ist es in diesem Sinne mehr *seines* als das Fest seiner eigenen Tradition: Letzteres wurde ihm vorgegeben. Weihnachten aber hat er, als autonomer Einzelner, gewählt. So kann Religion heute mündige Subjekte befördern. Das ist tatsächlich paradox.

Wobei diese Entscheidung, die formal mündig ist, nicht immer auch zu einer inhaltlichen Mündigkeit führt. Sie ist nicht notwendigerweise eine Entscheidung *für* die Mündigkeit. Denn Religion, die zum Schauplatz von Entscheidungen wird, kann gerade dadurch zum Einfallstor für Fundamentalismus werden. Religion, die aus ihrer Einbettung in die Tradition, Religion, die aus ihrer Selbstverständlichkeit entlassen wird, eine solche Religion erzeugt prekäre, nicht-volle, nicht-gewisse Gläubige. Die religiöse Pluralisierung leistet also dem religiösen Zweifel Vorschub. Sie verlangt dem Gläubigen, jedem Gläubigen einen heiklen Balanceakt ab.

Deshalb gibt es heute in unserer diversifizierten Gesellschaft eine neue paradigmatische Figur des Gläubigen: den Konvertiten. Das ist derjenige, der sich für einen Glauben entschieden hat. An ihm zeigt sich, was die Verschiebung der Glaubensform heute bedeutet: Heute sind alle, die glauben, Konvertiten – selbst innerhalb der eigenen Religion. Man konvertiert gewissermaßen auch zur eigenen Religion. Denn die Grundlage des Glaubens, die Art, wie wir unseren Glauben bewohnen, ist die des Konvertiten: Es ist eine Entscheidung. Das ist der Auftritt einer neuen Form, seinen Glauben zu leben. Wir haben den Glauben zu etwas Anderem, ja nahezu zu seinem Gegenteil, gemacht: Wir haben ihn zu unserer Identität gemacht. Das ist die Form, in der pluralisierte Subjekte heute ihren Glauben leben. Und damit, als Identität, hat sich die paradoxe Einbindung der Religion genau verkehrt: Aus der ent-subjektivierenden ist die Ich-steigernde Identität der Gläubigen geworden. Aus einer vollen eine nicht-volle Identität. Religion dient heute somit der Ich-Werdung. Der Herausbildung eines nicht-vollen Ichs. Und wie alle pluralisierten Identitäten, so ist auch die religiöse zu einer prekarisierten Identität geworden. Und wie alle prekarisierten Verhältnisse verlangt auch diese dem Individuum ein Mehr an Aufwand ab.

Und hier stellt sich die Frage nach dem Zusammenleben: Wie lebt der partiell säkularisierte Glaubende mit anderen, ebenfalls partiell Säkularisierten zusammen? Wie mit ganz Säkularen? Was ist die politische Form, die dem entsprechen würde?

Gerade die religiöse Pluralisierung bedarf eines Staates, der wirklich neutral ist. Ein Staat, der nicht versucht, die Pluralisierung zu vereinheitlichen, sondern der vielmehr akzeptiert, dass die neue Einheit eben keine homogene, sondern eine plurale ist. Es braucht also einen neutralen Staat, der den Pluralismus managt. Es braucht einen laizistischen Staat. Das ist weniger selbstverständlich und weniger eindeutig, als es klingen mag. Denn der Laizismus, das glorreiche Erbe der Aufklärung, kennt mehrere Modelle. Grob kann man zwischen einem strikten und einem milden Laizismus unterscheiden.

Die Grundlage des strikten Laizismus ist die Trennung zwischen öffentlich und privat, zwischen Neutralität der Öffentlichkeit und Religion als Privatsache. Eine wichtige Errungenschaft. Am eindeutigsten ist dieses Modell in der französischen *laïcité* realisiert.

Die Gefahr der *laïcité* liegt in ihrem Überschuss über diese

Errungenschaft. Kritiker werfen der *laïcité* vor, ihr Ziel einer Integration der Staatsbürger in die neutrale Öffentlichkeit meine in Wirklichkeit eine Auslöschung aller Unterschiede. In diesem Sinne sei der Staat nicht neutral, sondern parteiisch – er befördere den Atheismus. Ja, mehr noch: Die *laïcité* beschränke sich nicht darauf, dass keinerlei religiöse Überzeugung im öffentlichen Raum Platz hat – sie verwandle vielmehr die Neutralität des Staates in einen eigenen Glauben. Der säkulare Staat wird zu einem Dogma und der Laizismus zu einer Ersatzreligion. Das hat lange Zeit funktioniert. Jetzt aber lässt sich die Krise dieses Modells nicht mehr leugnen.

Etwa wenn der französische Staat Schülerinnen mit Kopftuch der staatlichen Schulen verweist – dann zeigt sich: Die *laïcité* war ein brauchbares Modell für homogene Gesellschaften. Für pluralisierte, multireligiöse Gesellschaften scheint ein dermaßen strikter Laizismus als Ersatzreligion jedoch weniger zu taugen.

Jenseits dieses französischen Überschusses muss man sich aber klarmachen: Mit seiner Bestimmung, dass Religion Privatsache sei, knüpft der strikte Laizismus die Religion an den Einzelnen: Religion wird hier – ganz säkular – an der einzelnen Person des Glaubenden festgemacht.

Das ist ein wesentlicher Unterschied zum zweiten Modell: dem milden Laizismus. In seiner *milden* Form bedeutet Laizismus: Neutralität des Staates, des öffentlichen Raums gegenüber allen Glaubensformen. Also Äquidistanz, gleicher Abstand zu allen Religionen. Das scheint auf den ersten Blick ein brauchbareres Modell für multireligiöse Gesellschaften zu sein. Äquidistanz zu allen Religionen – nicht deren Auslöschung. Neutralität gegen alle Glaubensformen, ohne dass man stattdessen an den Staat glauben muss. Aber auch dieses Modell ist nicht ohne Probleme.

Bedeutet strikter Laizismus: keine Sonderregeln für religiöse Gemeinschaften, so bedeutet milder Laizismus: Sonderregeln für alle religiösen Gemeinschaften. Für Österreich würde das bedeuten: Strikter Laizismus fordert das Ende des Konkordats, das Ende der Sonderregeln für die katholische Kirche. Das hieße, Religion und Öffentlichkeit ganz zu trennen. Also etwa keine Kreuze, keine Weihnachtslieder, keine Kommunionsgesänge in öffentlichen Schulen. Milder Laizismus hingegen würde Sonderregelungen für alle Glaubensgemeinschaften fordern – vom Anrecht auf religiöse Feiertage über Essensregeln bis hin zum Turnunterricht für Mädchen.

Denn milder Laizismus knüpft die Religion nicht an den Einzelnen, sondern an die religiöse Gruppe. Dieser werden Sonderrechte gewährt. Und damit weicht der milde Laizismus die für den sozialen Frieden so wichtige Trennung zwischen neutraler Öffentlichkeit und Privatheit der Religion auf. Denn milder Laizismus bedeutet, dass der öffentliche Raum immer weniger säkular wird. Dass an immer mehr Orten bisher säkulare Regelungen zugunsten religiös bestimmter aufgeweicht werden. Milder Laizismus ist der Versuch, den öffentlichen Raum zu okkupieren, ihn umzucodieren.

Milder Laizismus, darüber muss man sich klar sein, verkehrt den Laizismus in sein Gegenteil: Aus einem Einspruch gegen alle Religionen verwandelt sich der Laizismus – in seiner milden Form – in einen Anspruch aller Religionen, in den Anspruch auf Gleichbehandlung, auf Sonderregelungen für alle.

Aber wir haben gesehen, dass es nicht nur eine, sondern zwei Pluralisierungen gibt: Die Vervielfältigung der Religionen war die eine, die Koexistenz von säkularem und religiösem Selbstverständnis war die andere. Diese beiden Pluralisierungen aber sind nicht von ein und derselben Art.

Denn der säkulare Diskurs, die säkulare Welt ist nicht eine unter anderen. Sie reiht sich nicht neben die Vielzahl der Religionen ein. Sie ist vielmehr jene, der das Management, die Organisation eines möglichen Zusammenlebens der unterschiedlichen Religionen obliegt – ohne selbst zu einer Ersatzreligion werden zu müssen. Aber um pluralisierte Religionen, um eine pluralisierte Gesellschaft lebbar zu machen, braucht es eine »Friedensformel«, wie Peter Berger das genannt hat.[24] Grundlage einer solchen Friedensformel ist die Demokratie als die beste Gesellschaftsform, um die Pluralisierung zu managen. Demokratie aber bedarf der Säkularität, sie bedarf der säkularen Räume.

Eine solche demokratische Friedensformel, die den Bedürfnissen und Anforderungen einer pluralen Gesellschaft entsprechen würde, eine solche Friedensformel wäre demnach eine Mischform der beiden Laizismen.

Wenn man eine pluralistische, eine »offene Laizität« will, dann müssen auch die Religionen zu »offenen«, pluralistischen Religionen werden. Religionen also, die nicht nur wissen, sondern die auch akzeptieren, dass es neben ihnen noch andere Überzeugungs- und Wertesysteme gibt – nicht nur jene von anderen Religionen, sondern auch jene der säkularen Gesellschaftsordnung.

Milder Laizismus funktioniert nur mit partiell säkularisierten Religionen. Genauso ist strikter Laizismus nur mit offener Öffentlichkeit lebbar. Er darf nicht selbst zum Bekenntnis werden – und er darf ein solches seinen Bürgern nicht abverlangen. Die mögliche Friedensformel ist jene, die gegen die Exzesse beider Laizismen gerichtet ist.

Exzesse wie jener, der den strikt verstandenen Laizismus im Sommer 2016 zu einem Verbot des Burkinis (der islamischen Schwimmbekleidung) an den Stränden von Nizza geführt hat.

(Es kam zu surrealen Szenen, wo die örtliche Polizei Burkini-trägerinnen nötigte, sich zu entkleiden.)

Aber auch Exzesse wie etwa das neueste österreichische Gesetz zum allgemeinen Verhüllungsverbot, das selbst nur schlecht verhüllt, eigentlich ein Burkaverbot zu sein. Hier hat sich die Politik redlich bemüht, die Realität der Probleme einer multireligiösen Gesellschaft in existenzielle Szenarien umzu-codieren, die man nur mit Ausnahmeregelungen beantworten kann. Deshalb geht es bei diesem De-facto-Burkaverbot auch nicht um das reale Problem einer Handvoll Burkaträgerinnen (die wären der Mühe nicht wert). Die Burka ist vielmehr längst zu einem Symbol avanciert. Als Symbol ist sie aber unschlag-bar.

Das Minarett war ja noch etwas, wo man durchaus geteil-ter Meinung sein konnte. Man kann es ablehnen. Man kann ihm gleichgültig gegenüberstehen. Man kann es sogar ästhe-tisch finden. Als Symbol hatte es also durchaus Mängel. Die Burka aber, die ist anders. Denn niemand wird sie verteidigen, geschweige denn Sympathien für sie aufbringen. Auch ihr ästhetischer Mehrwert hält sich in Grenzen.

Ihr politischer Mehrwert hingegen ist eindeutig. Nichts macht unmittelbarer sinnfällig, wie der Exzess des Religiösen den ganzen Menschen zu erfassen versucht – wie diese textile Ganzkörperumhüllung. Damit ist die Burka das ideale Sym-bol, um Ablehnung zu mobilisieren. Denn sie zieht nicht nur die Ablehnung extremer Fremdenhasser auf sich. Auch bei weltoffenen Bürgern löst sie Unbehagen aus, auch viele Mus-lime lehnen sie ab. Das Problem im Umgang mit der Burka ist also unsere eigene Ambivalenz. Die Burka ist Symbol für das Fremde, das man guten Gewissens ablehnen darf.

Insofern geht es beim Burkaverbot nicht um die kleine Menge der Burkaträgerinnen, sondern um die große Menge an

Unbehagen daran. Das Gesetz ist eine Botschaft an die Österreicherinnen: Wir bestätigen euch in eurem Gefühl, dass das nicht gut ist.

In Bayern wiederum wurde im Sommer 2016 der Klage einer muslimischen Referendarin stattgegeben. Sie darf nun ihren Dienst bei Gericht mit Kopftuch versehen. Seit diesem Urteil arbeitet die deutsche Justiz an einem Gesetz, das hier gefehlt hat: einer rechtlichen Handhabe, die die richterliche Neutralitätspflicht über die Religionsfreiheit stellt. Denn Richter repräsentieren die Allgemeinheit und den säkularen Staat, der nur dann säkular ist, wenn er neutral gegen jede Religion ist. Um diese Position des Unparteiischen einnehmen zu können, müssen Richter diese Neutralität verkörpern. Aber die Neutralität *verkörpern*, das Allgemeine in einem besonderen Körper präsent machen, ist ein Widerspruch. Deshalb müssen Richter sichtbar *neutral* sein.

Wie aber sieht Neutralität aus? Interessanterweise gibt es keine Zeichen für Neutralität. Es gibt zwar Bilder, die wir mit Neutralität assoziieren. Das sind Bilder dessen, was sich jeweils als »normal« durchgesetzt hat. Denn wir empfinden Normalität als neutral. Diese Bilder des »Normalen« haben im Laufe der gesellschaftlichen Auseinandersetzung – etwa im Kampf um Frauenrechte – viele Veränderungen erfahren. Nichts zeigt besser, dass dies eine konstruierte Neutralität ist, eine, die sich im Laufe der Zeiten stets wandelt. Aber was sich wandelt, sind die Attribute. Was sich jedoch nicht wandelt, ist das, worin diese Neutralität eigentlich besteht. Und da muss man sagen – so paradox es klingt: Sichtbare Neutralität ist nicht nur etwas Äußerliches. Das wird am religiösen Symbol deutlich. Denn der *Verzicht* auf solche Symbole bedeutet, die Grundlage des säkularen Staates, die Trennung von Staat und Religion, an sich selbst zu vollziehen. Es bedeutet, die Unterscheidung zwischen öffentlicher Allgemeinheit und seiner jeweiligen Privatheit – wie etwa religiöse oder sonstige Bekenntnisse und Präferenzen – persönlich zu übernehmen, zu vollziehen. Die Neutralität des Staates ist nicht irgendwo da draußen. Neutralität ist kein Container. Es gibt sie nur, wenn sich diese auch in die Individuen, vor allem in die Repräsentanten des Staates, einschreibt: als Wissen, als Bewusstsein, dass man gespalten ist. Jeder Richter muss wissen, dass er zwei Personen ist – eine private und eine öffentliche. Und diese öffentliche Person besteht eben gerade im Abstand von der privaten Person. Nur in diesem Abstand zu den privaten Neigungen und Überzeugungen verwirklicht sich die Neutralität des Staates. Neutralität ist kein eigener Inhalt, kein Bekenntnis – sie ist nur die Akzeptanz der Spaltung zwischen dem eigenen Bürger- und dem Staatsbürger-Sein. Der Citoyen ist das Minus, das »hinzukommt«. Insofern, und nur insofern, sollten Richter keinerlei religiöse Symbole tragen. Weder Kopftuch noch Kreuz, noch Kippa. Nur so wird Neutralität »sichtbar«: nicht in der Anwesenheit von bestimmten Zeichen – »sichtbar« wird sie nur in der Abwesenheit von nicht-neutralen, von religiösen, von sakralen Zeichen. »Wenn dem säkularen Diskurs in einer Gesellschaft Raum zugestanden werden muss«, schreibt Berger, »muss ihm auch im Bewusstsein Raum gegeben werden.«[25] Das aber setzt eine Abwesenheit solcher Zeichen voraus. An den Körpern. Aber ebenso im Raum.

Das verbietet ebenjene Taschenspielertricks, wie sie etwa die österreichische Regierung versucht hat, die das Kopftuch im Gericht grundsätzlich verbieten, die Kreuze ebendort aber beibehalten will.

Die zutreffende Behauptung, Kopftücher wären bei Richterinnen nicht zulässig, weil sie das Neutralitätsgebot verletzen, verkehrt sich aber in ihr Gegenteil, wenn gleichzeitig Kreuze als »gewachsene Kultur« »selbstverständlich« nicht angerührt werden – wie die entsprechende Erklärung lautete. Das aber ist nicht gewachsene Kultur, sondern gewachsene Vorherrschaft. Statt eines säkularen Raums werden die Gerichte damit zum Instrument einer »Leitkultur«: Sie verwandeln den Laizismus in die Herrschaft eines »Katholaizismus« (Étienne Balibar). Die Neutralität verkehrt sich so in ihr Gegenteil: Aus einem Freiraum wird sie zu einem Unterdrückungsmittel.

Wollen wir einen neutralen Staat, einen, der im Unterschied zur einheitlichen Nation mit ihrer homogenen Kultur die Integrationsleistung einer pluralisierten Gesellschaft tatsächlich leisten kann. Wollen wir einen neutralen Staat, der die demokratische Friedensformel einer heterogenen Gesellschaft vollziehen kann, dann müssen all jene, die in ihrer Tätigkeit diesen Staat repräsentieren, die dessen Allgemeinheit vertreten, sichtbar neutral sein. Sie müssen diese Neutralität mitrepräsentieren, ebenso wie jene Orte, an denen diese Allgemeinheit vollzogen wird. Denn es braucht Bereiche, die religionsfrei organisiert sind. Neutral aber heißt eben, frei von *allen* religiösen Insignien. Dem säkularen Diskurs muss Raum zugestanden werden – im eigentlichen und im übertragenen Sinn.

Wenn Charles Taylor dies in einem Interview als »Schein von Neutralität« denunziert, weil es nur auf die Handlungen ankäme, dann verkennt er dabei die Eigendynamik, die Eigengesetzlichkeit von Zeichen – insbesondere von religiösen Zeichen.

Das genaue Gegenteil von der Richterin mit Kopftuch ist der Fall des Burkinis am Strand. Die Badenden repräsentieren niemanden. Sie sind nur als Einzelne am Strand. Als solche sind sie völlig berechtigt, den öffentlichen Raum mit all ihren Besonderheiten zu bevölkern. Um den Burkini dennoch verbieten zu können, munitionierte sich der Bürgermeister von

Nizza mit den seltsamsten und widersprüchlichsten Argumenten. Mit dem Burkini als ostentativem Zeichen, das es abzuwehren gelte. Mit der Hygiene – als ob es doch nicht um ein Zeichen, sondern um praktische Gründe ginge. Mit dem drohenden Terrorismus – auch wenn nicht klar wird, wogegen das Verbot nun eine Prävention sein soll. Mit den guten Sitten, denen man offenbar nur mit ganz wenig Textil Genüge tut. Und mit der Laizität – obwohl ja gerade diese die religiöse Besonderheit zur Sache der Einzelnen macht!

Aber hier ebenso wie beim Fall der relegierten französischen Schülerinnen gilt: Der Einzelne, die Privatperson ist keinesfalls in ihrer Kleiderordnung einzuschränken.

Die Friedensformel lautet also: Nur Repräsentanten der Allgemeinheit, deren Tätigkeit ebendiese Allgemeinheit vollzieht, haben sich *aller* religiösen Zeichen zu enthalten. Das aber heißt erstens: Leute, die zwar im Dienste der Öffentlichkeit stehen, wie etwa eine Wiener Straßenbahnfahrerin, können ohne Frage ein Kopftuch tragen. Denn diese Leute sind zwar sichtbar, aber sie repräsentieren die Öffentlichkeit und den neutralen Staat nicht. Es geht bei der Friedensformel aber nicht um Sichtbarkeit, sondern um Repräsentation. Ein entscheidender Unterschied. Hier verläuft die Grenze zwischen dem Privaten und dem Öffentlichen. Zweitens aber heißt das: Privatpersonen – etwa Schülerinnen – sind diesbezüglich keine Vorschriften zu machen.

Wenn wir diese Fragestellung rückbinden an die drei Individualismen, dann ergibt sich folgendes Bild:

Im ersten Individualismus hatten wir die Spaltung Bourgeois und Citoyen, also Bürger und Staatsbürger – gleichzeitig aber mussten diese Citoyens mit der nationalen Gestalt übereinstimmen. So konnten etwa nur christliche weiße Männer Richter werden.

Im zweiten Individualismus wurde und wird nach wie vor versucht, die Spaltung öffentlich/privat einzuziehen: Jeder soll – wie beim milden Laizismus – mit seiner Besonderheit an die Öffentlichkeit gehen. Das aber hätte zur Folge, dass die Öffentlichkeit, der öffentliche Raum von lauter vollen Identitäten bevölkert wäre. Richterinnen mit Kopftuch wären möglich – aber es würde keinen säkularen, neutralen Raum mehr geben. Hier zeigt sich, wie dieser Individualismus, also der Individualismus der Identitätspolitik, durch die Pluralisierung an seine Grenzen stößt.

Im dritten Individualismus hingegen, jenem der Pluralisierung, kann man zwar mit seiner Besonderheit an die Öffentlichkeit gehen – aber nicht als volle Identität. Im Unterschied zum zweiten Individualismus bedarf es heute, in einer pluralisierten Gesellschaft, im Bereich der Öffentlichkeit einer Spaltung, einer Einhegung, einer Begrenzung der je besonderen Identität – wie im ersten Individualismus. Aber anders als im ersten Individualismus wird heute, wo die nationale Figur erodiert, wo die Demokratie nackt, ohne Gestalt ist, diese Spaltung nicht mehr aufgefüllt. Hier wandelt sich der dritte Individualismus übrigens von einem Effekt der Pluralisierung, einem nicht willentlich herbeigeführten Effekt, zu einem Programm, also zu einer aktiven, willentlichen Gestaltung einer nicht nur pluralisierten, sondern tatsächlich pluralistischen Gesellschaft.

Die notwendige Spaltung der Subjekte, jene Spaltung, die nicht mehr inhaltlich bestimmt ist, ist nur ein Abzug: das staatsbürgerliche Bewusstsein als Minus, als Distanz zur vollen Identität des Bürgers. Das ist jene Neutralität, derer eine pluralistische demokratische Gesellschaft bedarf. Das heißt, es ist das Abstrahieren von der eigenen Identität, das sich in den Einzelnen als öffentliche Person einschreiben muss – und nicht die nationale Gestalt. So können etwa nicht nur christliche weiße

Männer Richter werden, die die nationale Gestalt »erfüllen«, sondern eben auch muslimische oder jüdische Männer oder Frauen – aber diese können nicht mit Kopftuch, mit Scheitel (der jüdischen Perücke) oder mit Kippa Recht sprechen. Ebenso wenig wie mit allen anderen religiösen Insignien – eben weil sie damit als volle Identitäten öffentliche Personen wären. Die öffentliche Person, der Citoyen nach dem Ende der nationalen Gestalt, muss diese Spaltung übernehmen – allerdings nur dort, wo er den Staat repräsentiert. Dort, wo er nur Einzelner ist, gilt das in keinem Fall. Egal, wie sichtbar er als Einzelner sein mag. Wir müssen zwischen Sichtbarkeit und Repräsentation unterscheiden.

Kapitel 4

Schauplatz Kultur: Die feindliche Übernahme der Moderne durch die Tradition

Bevor wir uns dem nächsten Schauplatz des pluralisierten Individuums zuwenden, müssen wir uns mit einer seiner bisher noch nicht ausreichend betrachteten Eigenarten beschäftigen – einer Besonderheit, die eine Grundtatsache unseres gesellschaftlichen Lebens geworden ist: Alle pluralisierten Schauplätze verdoppeln sich. Wahlweise könnte man auch sagen, dass sie sich spalten. Nehmen wir etwa die Identität.

Der Schriftsteller Navid Kermani meinte in einem Interview, wir leben heute »in einem fragilen Gleichgewicht«, das ständig bedroht sei durch die unterschiedlichen Identitäten.[26] Denn, so Kermani, »Identität bildet sich selbst im friedlichen Fall in Abgrenzung von anderen heraus«. So unmittelbar einleuchtend dieser Satz auch ist – für eine pluralisierte Gesellschaft trifft er nicht ganz zu.

Nicht weil pluralisierte Gesellschaften sich so an ihrer Buntheit und Vielfalt erfreuen würden, dass sie im Taumel einer umfassenden Umarmung versinken würden. Aber um das wirklich Neue, die massive Veränderung, die die Pluralisierung der Gesellschaft bedeutet, zu erfassen, muss man diesen Satz zurückweisen. Oder zumindest umschreiben. In Gesellschaften mit großer Diversität bilden sich Identitäten eben nicht (nur) in Abgrenzung von anderen heraus. In Gesellschaften mit großer Diversität bilden sich Identitäten (auch) durch die Eingrenzung der eigenen Identität heraus – eine Eingrenzung, die sie zu nicht-vollen Identitäten macht. Das ist das Spezifikum des dritten Individualismus.

Und dieses ist weniger abstrakt, als es klingen mag. Das Nebeneinander unterschiedlicher Kulturen und Religionen – von ihren Feiern übers Essen bis hin zur Kleiderordnung –, all das lässt einen, wie wir gesehen haben, die eigene Überzeugung, die eigene Identität, den eigenen Glauben als einen unter anderen *erfahren*. Pluralisierung ist also in erster Linie eine Erfahrung: die Erfahrung, dass die eigene Identität nicht selbstverständlich ist. Es ist die Erfahrung, dass das Eigene heute einer Entscheidung bedarf – die Erfahrung also, dass das eigene Leben, der eigene Weltzugang auch ein ganz anderer sein könnte. Es ist, wie gesagt, der Einbruch der Kontingenz, also der Einbruch von Offenheit und Ungewissheit, ins Herz jeder Identität. Dieser tiefgreifenden Erfahrung entgeht heute keiner. Sie erreicht uns alle. Sie verändert unser Selbstverständnis – unbemerkt, aber grundlegend.

Wir alle sind heute pluralisierte Individuen. Individuen also, deren Identität eingegrenzt ist. Und genau in dieser Erfahrung wirkt etwas Neues. Etwas, das man die »unsichtbare Hand der Pluralisierung« nennen könnte.

»Die unsichtbare Hand« ist jenes Bild, jener Topos, mit dem Adam Smith, der Begründer der Nationalökonomie, bekanntlich die Mechanik des Marktes zu denken versuchte: eine Mechanik, wonach jeder nur seinem eigennützigen Interesse folgt und dennoch – »wie von unsichtbarer Hand geleitet« – ein funktionierender ökonomischer Gesamtprozess daraus entsteht.

In Analogie zum Markt könnte auch die »unsichtbare Hand der Pluralisierung« das Wunder vollbringen, dass der Bezug aufs Eigene unbeabsichtigt das Allgemeinwohl befördert. Eben weil das Eigene nun eine eingeschränkte Identität ist. Könnte.

Tatsächlich aber gibt es heute ebenso viele Formen der Abwehr, wie es Formen der Pluralisierung gibt. Eben deshalb sind alle pluralisierten Schauplätze verdoppelt: verdoppelt in eine Szene, wo die »unsichtbare Hand der Pluralisierung« wirkt – und in eine Szene, die ebendiese »unsichtbare Hand« abwehrt und konterkariert. Die Schauplätze der Pluralisierung betrachten bedeutet also, ihre jeweilige Verdoppelung in den Blick zu bekommen.

Deshalb müssen wir uns noch einmal der Religion zuwenden und diesen Schauplatz unter dem Gesichtspunkt seiner Verdoppelung betrachten.

Die Pluralisierung verlangt den Religionen einen schwierigen Balanceakt ab. Einerseits bedeutet Religion Glaube an eine Wahrheit, an eine göttliche Wahrheit, die von keiner Instanz in Frage zu stellen ist. Andererseits aber stehen diese Glaubenswahrheiten heute, in einer pluralisierten Gesellschaft, nebeneinander. Nebeneinander bedeutet auch: in einer gewissen sichtbaren Konkurrenzsituation. Wie versöhnt man das erlebte Wissen um andere Religionen, also die eigene partielle Säkularisierung, mit der eigenen Glaubenswahrheit? Ein schwieriger Balanceakt. Und ein Balanceakt, der, wie wir gesehen haben, die Figur des Gläubigen verändert. Die Pluralisierung verlangt jedem Gläubigen, eben angesichts all der anderen offensichtlichen Möglichkeiten, eine Entscheidung für seinen Glauben ab.

Das Christentum hat lange Zeit in der Position einer Staatsreligion gelebt. Da bedurfte es keiner Entscheidung für den Glauben. Heute aber bedürfen sowohl Mehrheits- als auch Minderheitsreligionen einer solchen, einer Entscheidung ihrer Gläubigen. In diesem Sinne sind in einer pluralisierten Gesellschaft eben alle Religionen zu Konvertitenreligionen geworden.

Der religiöse Balanceakt ist somit einer, den sowohl die Kirchen als auch die einzelnen Gläubigen meistern müssen. Er verlangt dem Einzelnen eine Entscheidung, also eine formelle Mündigkeit ab. Aber diese führt nicht notwendigerweise – wie wir in Kapitel 3 bereits erwähnt haben – auch zu einer Entscheidung *für* die Mündigkeit. Genau deshalb können pluralisierte Religionen, können nicht-volle Gläubige zum Einfallstor für Fundamentalismus werden.

Fundamentalismus bedeutet heute also die Abwehr der Pluralisierung. Religiöser Fundamentalismus ist demnach deren religiöse Abwehr. Solch eine Abwehr findet sich in allen Religionen: bei den Evangelikalen, bei den ultraorthodoxen Juden oder bei katholischen Fundamentalisten. Am präsentesten aber ist der religiöse Fundamentalismus heute in seiner islamistischen Form. Das Besondere an diesem religiösen Fundamentalismus ist, dass er die partielle Säkularisierung abwehrt – und zugleich von dieser zutiefst geprägt ist. Wie Abwehr und Prägung zusammengehen, wird an der Debatte um den islamistischen Fundamentalismus und den Terror deutlich. In dieser Debatte sind zwei französische Theoretiker hervorgetreten: die Islamkenner Olivier Roy und Gilles Kepel. Beide verhandeln die Frage: Welchen Stellenwert hat die Religion – ist sie Ursache des Terrors oder nur dessen Ausdrucksform?

Kepel meint, der Jihadismus sei Teil eines innerislamischen Kampfes. Er tauche genau in jenem Moment auf, wo der Islam mit seiner Integration in westliche Gesellschaften konfrontiert sei. Das würde bedeuten, in Europa sei der Fundamentalismus die Antwort auf die partielle Säkularisierung, die der Islam hier erfährt. Und es würde bedeuten, dass die Europäisierung des Islams weit fortgeschritten sei, wenn sie solch einer Abwehr bedarf. Es besagt aber auch, dass diese »Islamisierung«, nämlich der Salafismus, keine zufällige Form des Terrors sei.[27]

Es ist klar: Der islamistische Terror hat eine religiöse Dimension. Diese lässt sich nicht durchstreichen. Zugleich aber ist sie keine Erklärung. Zumindest keine im Sinne einer Ursache. So wie man diesen Terror auch nicht durch Kultur, Politik oder Soziales erklären kann. Er ist kein pervertierter Ausdruck einer Ungerechtigkeitserfahrung. Der Terror ist nicht einfach eine fehlgeleitete Rebellion gegen Armut, Unterdrückung, rassistische oder ökonomische Ausgrenzung.

Natürlich gibt es das alles: Ausgrenzung, ungerechte Verteilung der Ressourcen, Unterdrückung. Natürlich gibt es die trostlosen Banlieus, die Armenviertel, die ungelöste soziale Frage. Und natürlich erzeugt das Unmut, Verzweiflung, rebellische Energien. Aber nichts davon konnte in ein politisches Projekt übersetzt werden. Die politischen Formen, Erzählungen kommen überhaupt nicht mehr vor. Wer erinnert sich noch an die zarten Hoffnungen des »Arabischen Frühlings«?

All diese Erklärungen des Terrors haben dasselbe Defizit: Sie setzen ein Ursache-Wirkung-Verhältnis voraus. Tatsächlich aber lässt sich der Terrorismus nicht mit den »alten« Kategorien erklären, weil er genau diese durchzustreichen versucht.

Der Terror ist nicht nur eine Absage an unsere hedonistische, liberale Lebensform, wie man immer hört. Er ist auch eine Absage an alles, was wir noch irgendwie unter Politik verstehen. Terror lässt sich nicht einfach auf die soziale Frage zurückführen – auch wenn diese virulent ist. Terror bedeutet, sich den Ursachen zu verweigern, die Ursache-Wirkung-Logik zu verlassen und stattdessen eine ganz andere Codierung des Lebens vorzunehmen, eine Codierung, die alles Politische absorbiert. Das Politische wird durchgestrichen. Stattdessen hat sich die Religion als Medium des Konflikts durchgesetzt, die religiöse »Artikulierung« der Probleme – die ebenso wenig Artikulierung wie Religion im alten Sinne ist.

84

Olivier Roy hingegen zeigt, dass der Terror nicht aus den traditionellen muslimischen Gemeinschaften kommt. Denn die Terroristen sind entweder Konvertiten oder Muslime der zweiten, dritten Generation. Roys wesentliches Argument ist, dass es einen Unterschied zwischen einer (alten) muslimischen Kultur gibt, die ihre Religion als Tradition lebt, und einem (neuen) Konvertitenmilieu, das losgelöst von dieser muslimischen Kultur einem selbstgebastelten Islam folgt.[28]

Roy verschiebt also die Frage. Diese ist nicht, ob der Islam als Religion dem Terror Vorschub leistet, sondern auf welche Art diese Religion gelebt wird: ob sie von einem Milieu gestützt als traditionelle Kultur gelebt wird – oder ob sie, von de-territorialisierten, verlorenen Einzelnen gegen eine fremde oder feindlich erlebte Umwelt gerichtet, zu einem Identitätsmarker wird. Zu einem demonstrativen Bekenntnis zur eigenen Herkunft, wie es gerade in der zweiten und dritten Generation häufig der Fall ist.

Die Traditionslosen haben eine tiefgehende Unsicherheit in Bezug auf ihre eigenen Traditionen (erinnern wir uns an jene Jihadisten, die mit einem »Islam for Dummies«-Buch in der Tasche – also mit einem Schnellkurs in Sachen Religion – nach Syrien aufgebrochen sind). Sie müssen sich dieser Tradition ständig versichern. Deshalb spielen Regeln, religiöse Regeln für sie eine zentrale Rolle. Diese haben die Funktion, das fehlende Milieu zu ersetzen. »Das erklärt«, schreibt Francis Fukuyama, »die ständigen Fragen an die Imame auf islamischen Websites, was haram (verboten) und halal (erlaubt) sei.«[29] Bei dieser Obsession mit religiösen Regeln geht es nicht so sehr um das Spirituelle, sondern um die Rekonstruktion einer Orthodoxie, eine Rekonstruktion nach deren Verlust. Die Regeln genau befolgen zielt ja auf die immanente Lebensführung und nicht auf einen transzendenten Glauben. Wenn Religion von einer Überzeugung zu einer Identität wird – und genau das ist es ja, was hier passiert –, dann zielt Religion nicht mehr aufs Jenseits, sondern auf die Selbstidentität. Auf eine meist äußerst strikte Identität, wie man dies ja bei Konvertiten meist beobachten kann.

Die meisten islamistischen Terroristen sind in diesem Sinne Konvertiten – auch und gerade jene der zweiten oder dritten Generation, die sich als »born again«, als Erweckte, verstehen und erst zum Islam finden. Als Konvertiten folgen sie nicht einer kulturellen Prägung, sondern dem Paradoxon einer *selbstgewählten Tradition*. Es ist dies eine Tradition im Modus der sozialen Regeln. Was aber bedeutet dieses selber *wählen* – noch dazu die Wahl einer besonders rückständigen Form des Islams?

Es ist eine Entscheidung zur Unmündigkeit, eine Entscheidung zur Unterwerfung. Sie entscheiden sich damit für eine Religion, die genau dieses Moment der Wahl, des Entscheidens nicht kennt. Mit einer ganz modernen, ja mit einer ganz säkularen Geste katapultieren sie sich ins 7. Jahrhundert – und verwandeln die Religion damit in ihr Gegenteil: in eine selbstgewählte Identität. Und genau darin bleiben sie von der Pluralisierung geprägt. Es ist die Abwehr der Pluralisierung, die besonders strikte Bindungen, besonders abgeschottete Gemeinschaften mit scharfen Abgrenzungen nach außen erzeugt. Denn diese Gemeinschaften müssen nicht nur ihre Mitglieder binden, sie müssen sich zugleich auch gegen die Pluralisierung behaupten. Nein, die religiöse Dimension des Terrors lässt sich nicht durchstreichen – aber sie ist etwas anderes als die »alte« Religion.

In diesem Sinn ist der Fundamentalismus – anders als die alte Religion – eben von jener Pluralisierung geprägt, die er gerade abzuwehren versucht. Partiell säkularisierte Religionen können pluralistische Subjekte hervorbringen. Aber sie können in ihrer Abwehrform eben auch ganz andere Subjekte erzeugen: nämlich terroristische.

Diese terroristischen Subjekte wehren die Pluralisierung, die pluralen Lebensformen nicht nur ab. Sie haben diesen vielmehr den Krieg erklärt. Das ist eine Feinderklärung. Die Jihadisten versuchen, aus ihrer Bewegung einen Kulturkampf zu machen. Sie versuchen, eine Front zwischen »dem« Westen und »dem« Islam zu eröffnen. Krieg ist ihr Drehbuch, Krieg ist das jihadistische Drehbuch.

Wobei der IS, der sogenannte »Islamische Staat«, diesem Drehbuch zuletzt eine besondere und eine besonders schreckliche Wendung gegeben hat. Bislang hat man zwischen Amoklauf und Terroranschlag unterscheiden können. Zwischen »politischen Aktionen« und psychischen Störungen. Bei einem Amoklauf tötet ein psychisch entgleister Einzelner blindlings und wahllos. Ein politischer Terrorakt hingegen reklamiert für sein Tun, so schrecklich dieses auch sein mag, einen Sinn, ein Ziel und eine Erzählung.

Seit am 14. Juli 2016 ein Mann mit einem Lkw mitten in die feiernde Menge in Nizza fuhr und damit ein neues »Anschlagsmodell« geliefert hat, das seitdem viele Nachahmer gefunden hat – seitdem hat der sogenannte »Islamische Staat« dieses »oder«, Terror *oder* Amoklauf, durchgestrichen. Er »bietet« die Möglichkeit, gerade den Amoklauf zu einer »politischen Aktion« zu machen. Der IS »bietet« also die Möglichkeit, einzelne Pathologien, private Störungen in sein System einzuordnen.

Wir denken irgendwie immer noch im Prinzip des Heroismus – selbst dort, wo er negative Vorzeichen hat. Also im Prinzip eines exemplarischen Handelns, einer ungewöhnlichen Leistung, die einen Einzelnen zu einem herausragenden Subjekt macht. Dem IS hingegen ist es gelungen, auch das gegenteilige Prinzip zu verwerten: Er ermöglicht Einzelnen, sich über ihre Defekte, über ihr Versagen, über ihre Verhinderungen mit einem größeren Ganzen kurzzuschließen. Der psychische Defekt ersetzt bei diesen Attentaten eigentlich alles: die politische Motivation, die gefestigte Ideologie, die politische Organisation, das technische, das organisatorische, das physische »Können«. Der IS übersetzt die Verlorenheit, die Entwurzelung, die psychische Labilität des Einzelnen, die sich in einem sinnlosen Tötungsakt entlädt. Er verwandelt die Entladung in eine »Artikulation« – als ob sich da etwas äußern würde.

Wie macht der IS das? Kommt er hinterher und reklamiert die Taten für sich? Adoptiert er die Täter nachträglich? Sicher auch. Aber die reine Instrumentalisierung allein greift zu kurz.

Was dem vorausgeht, ist eine Anrufung. Anrufung ist, laut Louis Althusser, der Mechanismus der Subjektbildung.[30] In jeder Institution – in den Familien, in Schulen, Kirchen, am Arbeitsplatz, in den Parteien, überall werden die Individuen angerufen. Es ergeht also ein Ruf an sie, ein Appell, der ihnen eine Identität verleiht, der sie zu eindeutigen Subjekten macht. Diese Anrufung ist nicht einfach ein Satz. Sie funktioniert vielmehr über eine Vielzahl materieller Anordnungen: Der Ruf erreicht den Einzelnen in und durch kollektive Rituale, Gewohnheiten, Versammlungen. Er ist physisch, ja sogar räumlich verankert. Der Ruf wird also über ein institutionelles Ganzes transportiert.

Vom IS geht nun genau das aus: eine Anrufung. Ein Ruf, der die Einzelnen mit einer Identität versorgt. Der sie in ein größeres Ganzes einbindet, als dessen Stellvertreter sie sich fühlen können, in dessen Namen sie agieren. Er gibt ihnen eine Position (»Soldat«), ein Ziel (»Kalifat«), und er liefert ihnen eine »Ordnung« – also eine Unterscheidung zwischen gut und böse, zwischen erlaubt und verboten. Und die zentrale Bestimmung: Wer sind die Freunde, wer sind die Feinde. Der IS liefert den Einzelnen also »Bedeutung« in jeder Hinsicht.

Das Besondere daran ist, dass diese Anrufung scheint's auch ohne materielle Anordnung funktionieren kann. Der IS ist das Paradoxon einer archaischen Institution, die auch virtuell funktioniert: eine Long-distance-Anrufung ohne physische Verankerung. Eine entmaterialisierte Anrufung, die nur das Schnittmuster zum Selberbasteln der Identität bereitstellt. Ein Albtraum für jeden Geheimdienst.

Und der IS »ermöglicht« es pathologisierten Jugendlichen, ihr Verlangen nach Zugehörigkeit durch Morde auszuleben. Damit wird der psychische Defekt zu einer »Produktivkraft« des IS. Eine Produktivkraft, die reine Destruktion ermöglicht. Die psychopolitische Voraussetzung zu solchen Taten scheint nicht eine gefestigte Ideologie zu sein. Sie morden nicht aus Überzeugung wahllos in der Menge. Es sind vielmehr Leute, die sich selbst als überflüssig erleben, denen ihr Leben sinnlos erscheint, die solche überflüssigen, sinnlosen Gewalttaten begehen. So viel Sinnlosigkeit. Und einzig der IS lukrierte einen Mehrwert daraus.

Im Gegensatz zu der ganzen Bandbreite solcher Abwehrformen der Pluralisierung steht das pluralistische Subjekt. Dieses ist das genaue Gegenteil des terroristischen Subjekts. Ein Beispiel für beides ist Ahmad Mansour. Der Psychologe Ahmad Mansour hat »Generation Allah« (2015) geschrieben – ein Buch über seine Arbeit mit muslimischen Jugendlichen. Mit jenen, die anfällig sind für islamistische Inhalte, anfällig für eine schleichende Radikalisierung. Ahmad Mansours Mission ist es, diese Jugendlichen zu erreichen, zu retten. *Vor* ihrer möglichen Radikalisierung.

Diese Mission entspringt seiner eigenen Biografie. Mansour

ist israelischer Palästinenser. Er war selbst im Alter von drei-
zehn bis achtzehn Jahren Islamist. Nicht gewalttätig, aber Islamist. Radikalisiert in einer Koranschule in Israel. Mansour erzählt genau, wie eine solche Radikalisierung funktioniert:
durch eine komplexe psychische Struktur zwischen Ermächtigung von Ausgegrenzten und deren gleichzeitiger Unterwerfung unter einen rigiden Gruppenzwang. Dabei werde mit
Angstpädagogik und Feindbildern operiert. Und auch ver-
führt. Zentral aber ist, wie Mansour sich davon befreit hat: Mit
achtzehn Jahren ging Mansour nach Tel Aviv. Dort studierte
er, in »einer Zeit der Hoffnung«, wie er sagt, Psychologie. Aber
das allein reichte nicht aus. 2004 wurde er Zeuge eines palästi-
nensischen Terroranschlags. Und in diesem Moment beschloss
er: »Das ist nicht mein Kampf.« Er verließ Israel und ging nach
Berlin.

Man muss verstehen, was für ein mächtiges Ereignis das ist.
Das Attentat war für ihn nicht das, was man erwarten würde –
es war eben *keine* Anrufung, sich einzuordnen in die Reihen
der »Eigenen«, sich der »eigenen« Sache anzuschließen. Es war
vielmehr das Gegenteil. Es brachte ihn dazu, sich abzuwenden
von dem, was das »Eigene« sein sollte. Es brachte ihn dazu, sich
dem Zugriff der eigenen Gruppe zu entziehen. Aber diese Darstellung ist noch nicht ausreichend. Denn es geht nicht nur
um einen äußeren Druck. Viel schwieriger ist es, den inneren
Druck abzuwehren – sich dem Zugriff des eigenen Heiligen zu
entziehen. Denn Gruppe, Familie, Identität sind ja nicht nur
äußere Instanzen, sondern existieren auch in uns. Das, was für
die eigene Gruppe das Heilige ist, wirkt in jedem ihrer Mitglieder – lässt es erschauern, ergreift es.

Es ist dies ein sehr schwieriger Vorgang, ein großer Schritt
zu sagen: Das ist nicht mein Kampf. Das ist übrigens eine der
Möglichkeiten der Pluralisierung: die Möglichkeit, einer ande-

ren Anrufung zu folgen. Und das ist auch der Kern der Domestizierung jeder Religion: die partielle Säkularisierung des eigenen Heiligen.

Für Fundamentalisten ist dies Verrat. Für Nicht-Fundamentalisten aber ist diese Möglichkeit der Distanz auch zum eigenen Heiligen nicht nur kein Verrat. Es ist vielmehr ihre Art, sich mündig zu machen – mit oder auch gegen das eigene Heilige.

Nur so, nur partiell säkularisiert konnte Ahmad Mansour den Schritt vom Fundamentalismus zur Moderne machen. Nur so konnte er eine neue, nicht-volle muslimische Identität gegen die volle terroristische Identität setzen. Nur so kann er als Moslem gegen die islamistische Radikalisierung und auch gegen den muslimischen Antisemitismus auftreten. Nur so kann er versuchen, radikalisierte Jugendliche vor den Lockungen des Radikalismus zu retten. Aber der Preis ist hoch. Den ehemals »Eigenen«, den Islamisten, gilt er als Verräter. Von ihnen wird er mit dem Tod bedroht.

Der religiöse Fundamentalismus ist eine Abwehr der Pluralisierung seitens einer Minderheit. Eine andere Form der Abwehr ist jene seitens der Mehrheitsgesellschaft.

Die Pluralisierung ist ja ein Faktum. Ein Faktum, das alles umschreibt: die nationale, die religiöse, die kulturelle Identität. Das ruft starke Gegenbewegungen hervor. Gegenbewegungen, mit denen die Mehrheitsgesellschaft versucht, diese Veränderungen abzuwehren. Ob diese Abwehr mit der Leitkultur, mit dem Abendland, mit dem Deutsch- oder mit dem Österreichertum operiert – immer tritt sie als Rückgriff auf. Die Abwehr der Pluralisierung erfolgt niemals über eine Zukunftsvision. Sie ist immer rückwärtsgewandt. Aber es gibt keinen einfachen Weg »zurück«, es gibt keinen direkten Weg in das »Davor« – wie imaginär dieses sein mag. Jeder Rückgriff ist deshalb eine Beschwörung, eine Rekonstruktion. Ungewollt bestätigt er damit die Pluralisierung, die er doch abwehren wollte. Denn einer Rekonstruktion bedarf es erst nach einem Verlust. Beschworen wird nur etwas Abwesendes.

Deutlich erkennbar wird das an einem Phänomen wie Andreas Gabalier. Nach dem Sieg von Conchita Wurst beim Song Contest 2014 hat sich Andreas Gabalier zu ihrem Gegenspieler aufgeworfen. Auf den ersten Blick standen da Offenheit gegen Geschlossenheit, Fortschritt gegen Ressentiment, Stadt gegen Land. Aber tatsächlich ist diese Konstellation komplexer.

Ulrich Beck hat darauf hingewiesen, dass diese Logik des »entweder – oder« einer anderen Zeit angehört, der Zeit der »ersten Moderne«. Heute aber, in der »zweiten Moderne«, ist nicht mehr diese Ausschlusslogik vorherrschend, sondern vielmehr die Verbindung von Gegensätzen. Das »und« hat das »entweder – oder« abgelöst.

An dem »Volks-Rock-'n'-Roller« Gabalier lässt sich dieser Paradigmenwechsel gut ablesen: Da geht es eben nicht einfach um Tradition gegen Moderne, Stadt gegen Land, Rock gegen Heimatmusik. Er begnügt sich nicht mit einer Seite. Er ist nicht nur Land, Tracht, Schmalz und Idylle. Das ist kein Entweder-oder, sondern vielmehr ein großes, paradoxes Und: Elvis und Lederhose, Volksmusik und Rock 'n' Roll, Schlager und Country, Dialekt und Englisch. Dirndl meets Rock.

Interessant ist, was bei dieser Begegnung herauskommt. Es könnte ja sein, dass sich das Dirndl verändert, dass es zu etwas anderem wird. Man hört ja oft, die Jungen tragen zwar wieder Tracht, aber sie meinen es anders. Es sei eine Mode, ein Look. Tatsächlich aber wird bei Gabalier nicht das Dirndl, sondern der Rock 'n' Roll umcodiert. Nicht das Brauchtum wird verändert, sondern die Moderne, nicht die Landidylle, sondern die Stadt wird neu definiert. Als großes Dorf. Und das in einer Zeit, wo ja eigentlich, wie wir gesehen haben, die Stadt, die Urbanisierung im Sinne von Pluralisierung in nahezu jedes Dorf vordringt.

Gabalier schreibt die Heimattümelei ins Herz der Moderne ein. Er behandelt die Popmusik, als ob diese immer schon ein Medium für massenwirksame Volkstümelei gewesen wäre – und nicht etwa das genaue Gegenteil davon. Er betreibt ganz bewusst die Heimholung des Rock 'n' Rolls. In Österreich war es übrigens Jörg Haider, der diese feindliche Übernahme der Moderne durch die Tradition im Politischen vorexerziert hat. Gabalier holt dies nun in der Musik nach. Er präsentiert idyllischen rechten Rock.

Dieses Brauchtum mit modernem Antlitz befriedigt ein Bedürfnis. Das Bedürfnis nach einer vollen Identität – nach deren Verlust. Gabalier reanimiert die Zeichen – die Zeichen der Tracht, des Österreichertums.

Die Verkünder der Gegenmoderne, schreibt Helmut Dubiel, sind gezwungen, auf dem Boden der Moderne zu agieren.[31] Sie tun dies, fügt Ulrich Beck hinzu, »durch den Rückgriff auf die Kostüme der Vergangenheit«.[32] Beck hat recht, aber er greift zu kurz. In ihrer Reanimierung ist die Tracht mehr als ein Kostüm. In der Abwehr der Pluralisierung, in der Abwehr unserer nicht-vollen Identitäten dient die Reanimierung der Tracht der Wiederherstellung von dem, was die Pluralisierung tatsächlich angreift. Sie soll eine Kontur, eine Form – nein, viel mehr: Sie soll dem Subjekt wieder eine Gestalt, eine öffentliche, eine gemeinschaftliche Gestalt liefern, jene Gestalt, die es verloren hat. Die Tracht ist mehr als ein Kostüm. Sie ist die Gestalt, die dem »nackten« Subjekt der prekarisierten Identität übergezogen werden soll. In diesem Sinne ist die Reanimierung der Tracht ein wesentlicher Vorgang.

Es ist übrigens keineswegs zufällig, dass diese Abwehr der Pluralisierung, die Abwehr seitens der Mehrheitsgesellschaft, auf dem Feld der Kultur stattfindet. Denn die Kultur ist ein wesentlicher Schauplatz der Pluralisierung, ein wesentlicher Schauplatz für die Auseinandersetzung zwischen der Pluralisierung und ihrer Abwehr. Denn es sind die kulturellen Selbstverständlichkeiten, die durch die Pluralisierung am heftigsten erschüttert wurden.

Der Kultursoziologe Andreas Reckwitz hat dazu einen ausführlichen Text in der *Zeit* veröffentlicht.[33] Reckwitz meint, man könne »unsere spätmoderne Gegenwart« nicht ohne den »überragenden Stellenwert« der Kultur begreifen. »It's culture, stupid!«, ruft er allen Ökonomisten und Technizisten zu. Kultur definiert er als »Sphäre der Werte und Narrationen, der Identitäten und Emotionen«. Hier finde die grundlegende gesellschaftliche Auseinandersetzung statt: der Kampf *um* die Kultur. Dieser Kampf wäre, so Reckwitz, die Konfrontation zweier gegensätzlicher Fassungen, zweier widersprüchlicher Bedeutungen von Kultur: »Hyperkultur und Kulturessentialismus«.

Es soll dies hier noch etwas ausführlicher zitiert werden. Denn dieser kluge Text bietet die Möglichkeit, meinen eigenen Standpunkt gerade in der Abgrenzung zu Reckwitz' Position deutlicher zu machen, zu schärfen.

Unter Hyperkultur versteht Reckwitz ein »Markt- und Selbstverwirklichungsmodell«, in dem westlichen Subjekten eine Vielzahl an kulturellen Gütern für ihre Selbstentfaltung zur Verfügung stehen: »Ob es sich um die japanische Kampfkunst Aikido oder das indische Yoga handelt, ob skandinavisches Design, französische Kinofilme oder amerikanische Computerspiele, kreolische oder süddeutsche Küche« – je größer die Diversität, desto größer die Selbstentfaltung. Die Gegner dieser Hyperkultur berufen sich aber, so Reckwitz, ebenfalls auf Kultur – allerdings auf eine essenzialistische Vorstellung von Kultur, die in der Wiederholung des Alten, Hergebrachten fixe Identitäten für eine homogene Gemeinschaft garantieren soll. So weit Reckwitz.

Reckwitz ist völlig beizupflichten: Kultur ist heute der zentrale Schauplatz, auf dem wir unsere Gesellschaft verhandeln. Kultur ist der Bereich, wo unterschiedliche Vorstellungen von Kultur aufeinandertreffen oder auch aneinanderprallen. Allerdings ist diese Kultur nicht nur die »Sphäre der Werte und Narrationen«, wie Reckwitz schreibt. Sie ist ebenso sehr der Bereich der Zeichen. Jener Bereich also, wo Dinge, Güter, Wörter mit Bedeutung versehen werden – was sie eben in Zeichen verwandelt. In diesem Sinne ist Kultur jener Referenzrahmen, wo Identitäten Zeichen zugeordnet werden. Hier wird der Zusammenhang zwischen Person und Zeichen mittels unterschiedlichster Praktiken festgelegt – ein Zusammenhang, aus dem das hervorgeht, was wir Identität nennen.

Reckwitz schildert nun die eine Seite, die Hyperkultur, als eine Art Gelegenheits-Subjektivität: Alles kann dem souveränen Subjekt der westlichen Gesellschaft zum Anlass, zur Gelegenheit werden, um seine Subjektivität und seine Souveränität zu garantieren. In der Auswahl aus einem unbegrenzten Angebot an Kulturgütern bestätigt sich das Subjekt der Hyperkultur als Herr der Zeichen.

Nun hat sich aber das, was Reckwitz als eine Form von Hegemonie, von kultureller Vorherrschaft darstellt, längst vervielfacht. Das verfeinerte Konsumverhalten, dem die ganze Welt für seinen Genuss zur Verfügung steht, ist längst zu einem »gesunkenen Kulturgut« geworden, wie der schöne Begriff von Roland Barthes heißt. Yoga, Sushi und exotische Küchen finden sich heute längst in jedem Provinznest. Wesentlicher aber scheint mir, wie Reckwitz das Verhältnis der Subjekte zu den Zeichen konzipiert. In der »Hyperkultur« treffen souveräne Subjekte auf volle Zeichen. Diese Zeichen haben sich nicht nur vervielfacht. Deren Pluralisierung soll vielmehr gerade das modernisierte autonome Subjekt als autonomen Herrn dieser vollen Zeichen, als Herrn ihrer neuen Kombination bestätigen. Und genau an dieser Stelle möchte ich meine Zweifel anmelden.

Wenden wir uns noch einmal den drei Formen des Individualismus zu:

Im ersten Individualismus diente die Kultur dazu, den Einzelnen (als Masse) in eine geordnete Zeichenwelt einzupassen – wodurch er von seinen jeweiligen, spezifischen Besonderheiten absah und sich in einer allgemeinen Zeichenordnung als Subjekt wiederfand. Hier herrschte also das Verhältnis von vollen Subjekten zu vollen Zeichen vor. Einzig den Künstlern war eine Erschütterung dieser Zeichenordnung mehr oder weniger erlaubt.

Im zweiten Individualismus gerät dieses wohlgeordnete Verhältnis ins Wanken. Hier wurde das Thema des Aufbruchs virulent. Etwa bei Frauen. Aufbruch aus zugeordneten Rollen, Orten, Zeichenverhältnissen. Und hier begann das, was Reckwitz als Hyperkultur bezeichnet: die Aneignung von neuen, fremden Zeichen. Diese sind noch immer volle Zeichen, aber diesmal volle Zeichen einer anderen Kultur. Yoga als spirituelle Lebensform etwa, mit Räucherstäbchen, Gongs und Yoga-Meister. Hierher gehören die klassischen Vorstellungen von Multikultur als einer Vielzahl, einer Vervielfachung von vollen Identitäten und vollen Zeichen. Oft wurde dieser Multikulturalismus auch als Einspruch gegen die Entfremdung, als Rousseauismus gelebt: Kultur als Rückkehr zur Natur – als Suche nach Kulturen mit intaktem Naturverhältnis.

Aber das ist noch nicht der vorherrschende, der dritte Individualismus. Dieser dritte Individualismus ist durch die Prekarisierung der Identitäten bestimmt. Diese bedeutet, dass die äußeren Garantien der eigenen Identität im Zuge der Pluralisierung der Gesellschaft ins einzelne Subjekt verlegt werden. Die Prekarisierung, das Fragil-Werden der eigenen Identität, geht mit einer Prekarisierung der Zeichen einher. Ob nationale, religiöse, geschlechtliche Zeichen – sie alle verlieren ihre Eindeutigkeit. Erinnern wir uns an das in Kapitel 3 erwähnte verbreitete Unbehagen, das eindeutige Zeichen, wie etwa das muslimische Kopftuch, auslösen. Unsere Zeichenerfahrung, unsere grundlegende kulturelle Erfahrung ist heute, dass die Zeichen nicht mehr eindeutig sind. Nicht eindeutig heißt, dass sie von temporärer Bedeutung sind – von einer Bedeutung also, die sich verändern kann. Die Zeichen sind kontingent geworden. Das betrifft alle Beispiele, die Reckwitz anführt: vom Essen über die Kunst, von spirituellen Praktiken (Yoga wird heute eben nicht mehr als spirituelle, sondern vorwiegend als Körpertechnik – ohne Räucherstäbchen also und ohne Guru – praktiziert) bis hin zur Sexualität und zum Geschlecht. Das ist nicht einfach eine Pluralisierung der Kulturgüter, also eine Vervielfachung von vollen Zeichen, sondern vielmehr eine Prekarisierung der Zeichen.

Und auch hier stellt sich wieder dieselbe Frage wie bei der Identität: Ist diese Prekarisierung, dieser Verlust der garantierten Eindeutigkeit ein Gewinn oder ein Verlust? Ist es Befreiung oder Bedrohung?

Diese offene Frage bringt nun zwei Antworten hervor: zwei Strategien im Umgang mit dem, was die Pluralisierung an Veränderung mit sich bringt – zwei Kulturstrategien, zwei Zeichenstrategien, die hier an Conchita Wurst und an Andreas Gabalier exemplifiziert werden.

Der Aufstieg von Conchita Wurst war gewissermaßen erwartet. Das heißt, das Feld für das Auftauchen einer solchen Figur war vorbereitet. In diesem Sinne war ihr Auftreten nicht zufällig – es hätte nicht zu einem anderen beliebigen Zeitpunkt stattfinden können.

Der Kontext ist jener einer pluralisierten Gesellschaft, deren Effekt eine Gesellschaft von nicht-vollen Individuen und nicht-vollen, also uneindeutigen Zeichen, Zuordnungen und damit Identitäten ist. Wenn man sagt, das sei ein Effekt der Pluralisierung, dann meint das, es sei eine unintendierte, eine nicht beabsichtigte Folge dieser gesellschaftlichen Veränderung (die ja selbst kein geplanter Vorgang ist).

Unintendiert ist das Bild des Deutschen, des Österreichers ebenso uneindeutig geworden wie das, was österreichische oder deutsche Kultur ist. Ebenso uneindeutig wie das, was denn nun genuin männlich oder weiblich ist.

Die Figur der Conchita Wurst markiert nun einen Punkt, wo dieser Effekt in ein Programm umgewandelt wird. Einen der vielen Momente, wo eine nicht beabsichtigte Folge in einen absichtsvollen Plan umcodiert wird. In diesem Sinne ist dies ein politischer, ein kulturpolitischer Moment: Es ist die Entscheidung, das Prekär-Werden der Zeichen aktiv zu betreiben. Das Geschehen, die Pluralisierung sozusagen zu beschleunigen, indem die Uneindeutigkeit der Zeichen befördert und bejaht wird. Damit wird aus dem Faktum der Pluralisierung das Konzept, das Programm des Pluralismus.

Wenn gesagt wurde, Conchita sei einer der vielen Momente für solch eine Bejahung, so sei hier ein anderes solches Beispiel aus dem migrantischen Bereich angeführt: der zum gegenwärtigen Zeitpunkt immer noch inhaftierte deutsch-türkische Journalist Deniz Yücel. Die Proteste gegen Deniz' Inhaftierung formierten sich als Autokorsos – in Wien und in elf anderen

Städten. Ein Autokorso ist eine Autokolonne, die langsam und laut hupend durch die Innenstadt fährt – eine südliche Art des Feierns bei Hochzeiten oder Siegen. Diese sind bei Türken, namentlich bei Auslands-Türken, sehr beliebt. Sie sind Teil der sogenannten Gastarbeiter-Kultur. »Voll das Türkenklischee«, wie Doris Akrap in der *taz* schrieb.

Deniz ist als Sohn türkischer Eltern in Deutschland geboren. In Flörsheim. Und Deniz liebt Autokorsos. Nicht weil er so türkisch wäre, sondern gerade weil er so deutsch-türkisch ist. So deutsch, dass er mit türkischen Klischees spielen kann. Dass er sie sich ironisch aneignen kann. Camp nennt man solch einen ironischen, liebevollen und sentimentalen Umgang mit ernsten Formen. Deniz ist ein campiger Deutsch-Türke oder ein Türken-Deutscher – jemand also, der die Souveränität des Uneindeutigen hat.

Conchita Wurst nun erhebt das Zeichen-Verwischen im Geschlechtlichen zum Programm. Ihr ist nicht weniger gelungen, als ein Bild für das Brüchigwerden der geschlechtlichen Zuordnungen gefunden zu haben. Und das ist kein Bild für subkulturelle Kreise, sondern ein massentaugliches Bild.

Dieses Bild ist weder das einer Verkleidung noch das eines Transsexuellen, denn das wäre ja eine neue Eindeutigkeit. Es ist vielmehr ein Bild gegen jede Eindeutigkeit – und das Symbol dafür ist ausgerechnet der Bart. Zurzeit laufen ja viele Bärte herum: Jihadisten tragen sie ebenso wie Hipster. Aber das sind Bärte, die – ernst oder ironisch – immer Symbole des Phallus sind. Wobei Phallus nicht das biologische Organ meint, sondern die imaginäre Fülle einer intakten Männlichkeit. Conchita Wurst aber hat gerade den phallischen Bart umcodiert: Sie hat gerade den Bart zu jenem Element gemacht, das eine volle geschlechtliche Identität verhindert. Der Bart wird von einem phallischen Zeichen zum Zeichen einer nicht-vollen Identität.

Die Heftigkeit der Gegnerschaft, die dieses Bild auf den Plan ruft, zeigt, wie genau es trifft. Da gibt es zum einen jene – vorwiegend Männer –, bei denen ihr Anblick Ekel erzeugt. Das ist eine persönliche Abwehr, die zeigt, wie tief die Erschütterung ist. Das hat zumindest was. Das lässt sich von der intellektuellen Abwehr nicht behaupten. Etwa wenn der Deutschlandfunk mit jeder Bestimmung danebengreift: vom »irritierenden Halbwesen« über die »Selbstverdoppelung« (also was nun?) bis hin zum »Hermaphroditen« – und dabei die Lektion verpasst: Die einsame Stunde der reinen – geschlechtlichen – Natur schlägt nie (wie man frei nach Althusser sagen könnte). Oder die Arroganz, mit der ein Kommentator im *Freitag* Conchita Wurst als »trash as trash can« abkanzelt. Mag sein, dass einen die Anmut dieser Erscheinung nicht berührt. Aber so viel intellektuelle Redlichkeit muss sein, sich der Frage zu stellen, wieso Millionen Menschen von dieser Figur berührt und bezaubert sind. Alles nur Trash?

Auch die dritte Abwehrfraktion, die politische, ist in ihrer Vehemenz unglaublich. Was für eine Herausforderung muss diese Kunstfigur sein, die aus einem Gesangswettbewerb aufstieg – von den russischen Reaktionen, die darin das »Ende Europas« sahen, bis zu den ungarischen, wo Conchita es bis auf ein Wahlplakat brachte! (Die ungarische Partei Jobbik zog mit einem Plakat in den EU-Wahlkampf, auf dem Conchita Wurst als Sinnbild der »Devianz« neben einer Blondine in Nationaltracht stand. Darüber stand fettgedruckt: Wähle!)

War bereits seit längerem Homosexualität jener Punkt, an dem wir unser Gesellschaftsbild verhandeln – jener Punkt, an dem sich das kulturelle Feld in pro und contra spaltete –, so ist mit Conchita die Figur des Transgenders an jene neuralgische Stelle gerückt.

Wie der Konvertit im Bereich des Glaubens ist heute auch

der Transgender eine paradigmatische Figur. Natürlich ist die überwiegende Mehrheit der Bevölkerung nicht transgender, queer oder homosexuell. So wie auch die große Mehrheit der Gläubigen keine religiöse Konvertiten sind. Und dennoch sind Konvertiten im Bereich der Religion ebenso wie Transgender im Bereich der Kultur paradigmatische Figuren. Figuren, die anzeigen, was sich verändert hat – auch für sogenannte »Normalos«, auch für Heterosexuelle. Eine Figur, an der sichtbar wird, dass die Zeichen, die Zuordnungen, die Zuschreibungen prekär geworden sind. Nicht nur jene Zeichen, denen wir das als »kulturelle« Zeichen eventuell noch spontan zusprechen würden – sondern auch sogenannte »natürliche« Zeichen, also Zeichen, denen man eine »natürliche« Bedeutung unterstellt, wie jene des Geschlechts. Auch diese werden prekär, auch diese zeigen ihre Kontingenz – wie an Conchitas Bart unmittelbar sichtbar wird. Conchitas Bart zeigt, wie eine »natürliche« Zuordnung in eine kulturelle transformiert wird.

Reckwitz' Subjekt der Hyperkultur ist ein autonomes Subjekt, das seiner Selbstermächtigung frönt, während das Subjekt der Pluralisierung nicht nur kontingent geworden ist, sondern sich auch als solches erlebt. Auch wenn dieses Erleben die Erkenntnisse der Theorie zu treffen scheint, die Erkenntnis, dass jede Subjektivität kontingent sei (wie sowohl die Psychoanalyse als auch die Philosophie lehrt), so erfährt der Einzelne dies nicht als Erkenntnis oder Wahrheit, sondern als schwierigen Balanceakt, den wir alle meistern müssen.

In diesem Sinne kann man sagen: Transgender ist die paradigmatische Figur des dritten Individualismus im Bereich der Kultur. Und das ist etwas anderes als Reckwitz' Hyperkultur. Kultur im pluralisierten Individualismus ist eben keine Sammlung von intakten Kulturgütern, von vollen Zeichen. Kultur ist vielmehr der Versuch, ein Verhältnis zum Prekär-Werden der

Zeichen zu gewinnen. Das pluralisierte Individuum ist nicht einfach der Herrscher über volle Zeichen, die es sich global aneignen kann – wie eine kleine Elite. Es kann bestenfalls eine prekäre Ermächtigung (und was ist eine Ermächtigung, die prekär ist?) aus dem Verhältnis zu nicht-vollen Zeichen gewinnen.

Der Gegensatz, der das Feld der Kultur heute strukturiert, ist nicht Reckwitz' Gegensatz von Hyper- und essenzialistischer Kultur. Der Gegensatz, der diesen zentralen gesellschaftlichen Schauplatz heute strukturiert, ist jener zwischen vollen und nicht-vollen Zeichen.

Wenn also Reckwitz' Hyperkultur zu hinterfragen ist, so ist ihm aber völlig zuzustimmen, was die Bestimmung des anderen Pols des kulturellen Feldes anlangt – das, was er die Essenzialisierung der Kultur nennt und was hier anhand der Figur des Andreas Gabalier dargestellt wurde. Wie Reckwitz treffend schreibt, berufen sich auch die Gegner auf Kultur – was diese Auseinandersetzung eben zu einer Auseinandersetzung *um* Kultur macht. Dieses Kulturverständnis bezeichnet er als »Kulturessentialismus« – also den Versuch, das Eigene, die eigenen »religiösen, nationalen oder ethnischen Praktiken auf Dauer zu stellen«.

Genau das unternimmt Andreas Gabalier, wenn er, wie wir gesehen haben, die Zeichen reanimiert, die Zeichen der Tracht, des Österreichertums.

Nun haben wir aber in Kapitel 3 gesehen: Zeichen sind wandelbar, die Bedeutung der Zeichen ist wandelbar. So ist etwa die Mode eine Umcodierung: Religiöse, ethnische oder nationale Zeichen werden in rein ästhetische Unterschiede verwandelt. Das gilt nicht nur fürs muslimische Kopftuch. Das gilt auch für Trachten. Gabalier geht nun den umgekehrten Weg: Er re-codiert die Tracht. Er versucht, sie wieder als volles Zeichen zu etablieren. Ein volles Zeichen in Reckwitz' Sinn – ein essenzielles, also ein essenzialistisches Zeichen.

Aber Zeichen sind Tauschwesen. Sie verändern sich. Sie zirkulieren. Die Essenzialisierung von Zeichen versucht, genau dies durchzustreichen. Sie versucht, die Zeichen zu fixieren, sie festzustellen, sie zu naturalisieren – sie also aus der Zirkulation der Zeichen auszugliedern. Dazu muss sie die Tauschwesen in deren Gegenteil verwandeln. In Zeichen, die sich nicht austauschen – in Tautologien. Genauer – in die Tautologie, die da lautet: Das Eigene ist das Eigene. Einer anderen Definition bedarf es nicht. Deswegen können Nationalisten auch nicht angeben, worin ihre eigene Kultur eigentlich besteht. Das ist kein mangelndes Wissen, sondern vielmehr deren Spezifikum: Diese »eigene« Kultur steht in keiner Gleichung, in der sie sich gegen etwas tauschen würde (in der Art: Kultur ist …). Sie ist vielmehr eben nur eine Tautologie: Kultur ist Kultur. Das Eigene ist das Eigene.

Und genau das macht Gabalier. Er zeigt seinen Fans: Eine Lederhose ist eine Lederhose. Die muss nicht zirkulieren. Die muss sich nicht austauschen. Er versichert ihnen: All das gibt es noch heute. All das funktioniert noch – in einer großen Gemeinschaft.

Tatsächlich aber funktioniert die Tautologie des Eigenen in einer pluralisierten Gesellschaft nur als Abwehr: Da steht die Lederhose gegen Conchitas Bart. Und genau darin zeigt sich: Gabaliers Lederhose ist gar nicht die alte Lederhose. Die Abwehr der Pluralisierung ist, wie gesagt, nicht einfach ein Rückgriff aufs Alte, sondern vielmehr dessen Rekonstruktion. An der Lederhose zeigt sich: Es ist eigentlich eine Neukonstruktion. Mit alten Zeichen.

Und diese Neukonstruktion funktioniert nur, wenn sie die Reihen schließt. Denn sie ist ja Abwehr, Abwehr einer Veränderung. Und so kann sie nicht mehr die alten, die vollen Identitäten herstellen. Sie kann nur neue, geschlossene Identitäten herstellen. Das ist nicht dasselbe. Die volle Identität war vorwiegend durch einen gemeinsamen, positiven Bezug auf ein Zentrum gekennzeichnet. Die geschlossene Identität ist aber nach Verlust des Zentrums nur noch mittels Ausschluss zu haben. Genau wie bei den Gabalier-Subjekten. Nur durch Exklusion, also nur durch Ausgrenzung, lässt sich eine ganze Zugehörigkeit noch rekonstruieren. Oder eben neu konstruieren.

Diese aggressive Identitätspolitik ist eine Verneinung, eine Abwehr der Spaltung, auch der eigenen, eine Abwehr der nicht-vollen Identität, auch der eigenen. Was deren Intensität und Aggression vielleicht auch teilweise erklärt.

Eine solche Rekonstruktion findet man übrigens sowohl bei Minderheits- als auch bei Mehrheitsgruppen. Bei den Minderheitsgruppen heißt diese Strategie: Abschottung, niemand darf hinaus. In der Mehrheitsgesellschaft bedeutet das: Keiner darf herein. Die geschlossene Identität, die sich nur mittels Ausschluss herstellen kann, diese Identität reagiert auf Entwicklungen, Konflikte, Probleme immer gleich. Die starken Emotionen, die dabei im Spiel sind, die Aggression, aber auch die vielzitierten Ängste – ob sie nun rational oder irrational sind – sind Indikatoren. Sie verweisen auf ein massives Geschehen: darauf, dass die vertraute Welt, also Normalitäten, Sicherheiten in Frage gestellt sind.

»Entheimatungsängste« nennt Thierse das[34] – die Angst der Einheimischen vor der Veränderung, vor dem »Fremd-Werden des eigenen Landes«. Ob diese nun real oder imaginär sind.

Heute sind wir damit konfrontiert, »globale Probleme lokal lösen zu müssen«, wie Zygmunt Bauman gesagt hat.[35] Und wenn sich nun manche hinstellen und sagen: Wir wollen diese

Probleme nicht lösen. Wir wehren sie ab. Wir stellen uns der Veränderung entgegen – mit Zäunen, mit Mauern und Stacheldraht –, dann ist dies eine nostalgische Sehnsucht. Nach Grenzen. Nach Eindeutigkeit. Es sind dies nicht nur äußere Abwehrformen. Es sind auch innere Abwehrformen, die das verunsicherte Subjekt als volles Subjekt befestigen sollen. Sicherheitsmaßnahmen, um die eigene alte Identität zu retten. Hinter all den Befestigungen aber lässt sich das ehemals volle Subjekt, die ehemals volle eigene Identität nur als geschlossene, nur als abgeschottete retten. Die Abwehr verändert das, was sie zu schützen versucht.

Und hier zeigt sich: Navid Kermanis Identitätsbildung durch Abgrenzung gegeneinander gehört nicht zur Pluralisierung, sondern vielmehr zur Abwehr – zur Abwehr der Pluralisierung und zur Abwehr ihrer »unsichtbaren Hand«.

Pluralisierung und deren Abwehr – das sind zwei Bewegungen, die nicht nur gegenläufig sind, sondern die auch zwei Arten von »Wir« herstellen. Sie ziehen zwei unterschiedliche Trennlinien durch die Gesellschaft.

Die Trennlinie, die die Anti-Pluralisten ziehen, ist tricky. Denn sie ist sowohl klar als auch trügerisch. Sie verläuft wesentlich über die Abgrenzung zwischen dem Eigenen und dem Fremden. Diese Ablehnung von Fremden erlaubt zweierlei: Sie erlaubt einerseits, ein sehr breites »Wir« zu konstruieren, in dem sich alle versammeln können, die eben keine »Fremden« sind – sie erlaubt also, verbindlich zu erscheinen. Und sie erlaubt andererseits, so zu tun, als ob diese Abgrenzung eine *äußere* Spaltung wäre und keine innere. Denn sie verlegt die Gegnerschaft scheinbar an den Rand, an die Grenzen der Gesellschaft. Oder genauer gesagt an das, was die Anti-Pluralisten als Rand und als Grenze definieren – innerhalb derer sich die »Österreicher«, das »österreichische Wir« vereinen lassen. Eine vehemente Abgrenzung also, die verbindlich scheint, die als Verbindendes auftritt.

Das entspricht genau dem, was das Phänomen Gabalier den sogenannten »Entheimatungsängsten« entgegensetzt: ein aggressives »Wir« und eine aggressive Vorstellung von Heimat.

Diese Heimat wird mit Natur unterfüttert. Natur ist nicht nur das Medium, in dem sich diese Heimat vollzieht, Natur ist auch der Bezug, den sie vorgibt. In diesem Sinne sollen die Zeichen der Heimat »natürliche« Zeichen sein. Zeichen also, die fix sind. Als ob die Lederhose eine »natürliche«, unveränderliche Zugehörigkeit zur Landschaft hätte und eine solche damit auch ihren Trägern garantierte. Allerdings nur jenen Trägern, die selbst ein »natürliches« Merkmal aufweisen – die Ähnlichkeit. Denn Heimat ist nur den Ähnlichen, den »von Natur aus« Gleichen vorbehalten. Diese Ähnlichkeit kann man nicht erreichen. Man kann sie nicht erwerben. Man kann sie sich nicht erarbeiten. In diese kann man sich nicht integrieren. Sie ist einem »von Natur aus« gegeben, man könnte auch sagen: Man hat sie ohne Leistung erhalten.

Die äußere Ähnlichkeit, die eine innere garantieren soll, wird durch die Fixierung der Zeichen, durch eine unabänderliche Gestalt also, befestigt. Ebendies war auch das Problem der ansonsten erfolgreichen Kampagne von Alexander Van der Bellen zur österreichischen Bundespräsidentenwahl im Jahr 2016. Van der Bellen versuchte, den Heimat-Begriff aufzugreifen und für eine pluralisierte Gesellschaft umzucodieren. Er versuchte, ein inklusives »Wir« unter dem Terminus »Heimat« zu fassen. Ein »Wir«, das sich eben nicht über Natur, über »natürliche« Zugehörigkeit definiert, sondern alle einschließt, die hier leben. Das Problem dieser Umcodierung war, dass die Bilder, die Gestalten, die Zeichensprache genau auf jene Natur rekurrierten, die eben nicht mehr Grundlage des inklusiven »Wir« sein soll. Es hätte einer neuen Ikonografie bedurft, die nicht die alte Naturseligkeit mit ihren unseligen Konnotationen bedient.

Gabalier und Konsorten haben es da einfacher. Sie können auf ein Formenarsenal zurückgreifen, das ihrer Vorstellung eines negatorischen, eines ausschließenden, eines aggressiven »Wir« mit seinen ebensolchen abgeschotteten Identitäten perfekt Vorschub leistet.

Heimat als Kampfformel. Das findet man heute nicht nur bei Gabalier, sondern etwa auch bei Pegida, den selbsternannten »patriotischen Europäern gegen die Islamisierung«, die als Retter des Abendlandes durch die Straßen ziehen. Auch sie ziehen scheinbar eine *äußere* gesellschaftliche Grenzlinie, die eigentlich eine *innere* Trennlinie ist: die vermeintliche Trennlinie zwischen »dem« Islam und »dem« Westen. Darin sind sie übrigens ganz eins mit den Islamisten. Die beiden treffen sich sozusagen an derselben Grenze.

Wer bei diesem Stelldichein nicht dabei ist, das sind jene, die eine ganz andere Trennlinie ziehen. Diese stehen eben nicht auf der anderen Seite der Linie. Es sind vielmehr jene, die *diese* Trennlinie ablehnen. Es sind jene, die eine ganz andere Demarkationslinie, eine ganz andere gesellschaftliche Trennlinie ziehen. Entgegen dem, was Populisten, Abendlandretter und Ressentimentträger in ganz Europa propagieren: Die neue gesellschaftliche Demarkationslinie, also jene politische Front, die die Gesellschaften in Europa spaltet, verläuft nicht zwischen Migranten und sogenannten Einheimischen. Wir stehen an verschieden Fronten. Wir teilen nicht einmal das, was uns trennt.

Es gibt heute das Wort »postmigrantisch«. Unsere Gesellschaften sind postmigrantisch. Das heißt nicht, dass die Einwanderung abgeschlossen sei. Es heißt vielmehr, dass die bereits erfolgte Migration die europäischen Gesellschaften nachhaltig verändert, eben pluralisiert, hat. Was man sich heute unter einem Deutschen oder unter einem Österreicher vorzustellen hat, ist etwas anderes als früher. In solchen postmigrantischen Gesellschaften ist »Migration nicht mehr die Trennlinie. Es ist mehr die Haltung zu dieser Gesellschaftsform, die Trennlinien schafft«, so die deutsche Sozialwissenschaftlerin Naika Foroutan.[36] Es stehen also nicht Ureinwohner gegen Migranten. Die politische Frontlinie ist keine äußere. Sie verläuft heute vielmehr zwischen jenen, die ein inklusives »Wir« möchten, und jenen, die ein exklusives »Wir« möchten. Sie verläuft zwischen jenen, die die postmigrantische – also die durch Migration veränderte – Gesellschaft akzeptieren, und jenen, die die postmigrantische Realität nicht akzeptieren. Also jenen, die diese Veränderung als Bedrohung empfinden und sie in eine »Überfremdung« oder Islamisierung umdeuten, jenen also, die diese Realität abwehren möchten. Diese Abwehr, diese Leugnung der Realität beruht auf einem Phantasma – der phantasmatischen Vorstellung einer unveränderten, einer »echten«, einer »reinen« Gesellschaft. Die Geschichte lehrt, dass solche Verweigerung, solche Verneinung der Wirklichkeit durchaus mächtig werden kann. Es ist dies eine gefährliche Macht, denn es ist eine, die die Realität ihrem Phantasma anzupassen trachtet.

Kapitel 5

Schauplatz Politik – Partizipation: Vom Parteimitglied zum Fan

Der nächste Schauplatz, auf den wir dem pluralisierten Individuum folgen, ist die Politik. Dabei geht es nicht um Weltpolitik, auch nicht um Parteipolitik, sondern vielmehr um die Frage: Wie sieht Politik aus Sicht des pluralisierten Subjekts, aus Sicht der Weniger-Ichs aus? Was ist die angemessene politische Form, welche entspricht uns veränderten Subjekten? Wie äußert sich die Veränderung im Politischen?

Auf den ersten Blick würde man denken – und das war ja lange die vorherrschende Meinung und die wiederkehrende Klage, diese Frage sei obsolet, da man eine weitreichende Entpolitisierung beobachten könne. Tatsächlich aber haben gerade die Entwicklungen der letzten Jahre zweierlei deutlich gemacht: zum einen, dass pluralisierte Subjekte ein ausgeprägtes politisches Interesse haben. Zum anderen aber, dass sich dieses Interesse ganz neu artikuliert. Die augenfälligen politischen Kennzeichen dieser neuen Subjektivität sind: Engagement und Sehnsucht nach Partizipation. Wir wollen partizipieren. Wir wollen mehr partizipieren.

Was aber bedeutet Partizipation für solche Subjekte? Um das Spezifische dieser Partizipation zu verstehen, müssen wir uns einmal mehr den drei Individualismen zuwenden.

Im ersten Individualismus beruhte Partizipation auf Mobilisierung. Die Individuen mussten sich von ihren vorgegebenen Plätzen wegbewegen. Sie mussten sich von ihren Herkunftsmilieus lösen, von ihren konkreten Bedingungen abstrahieren, um Teil einer Massenorganisation zu werden. In Momenten der Rebellion hieß das, Teil der Masse zu werden, in der Masse aufzugehen. Im Alltag hieß das, Parteisubjekt zu werden. Als solches wurde man nicht nur mit einer Hoffnung ausgestattet, der Hoffnung auf gesellschaftliche Erlösung, als solches hat man auch eine reale Erfahrung von Partizipation gemacht – als Teil der Gruppe. Partizipation hieß also für den Einzelnen wesentlich: aufgehen in einer Gruppe.

Im zweiten Individualismus der »Neuen sozialen Bewegungen« hat Partizipation eine geradezu gegenteilige Bedeutung angenommen. Nun hieß Partizipation nicht mehr Absehen von der eigenen, spezifischen Konkretheit, sondern vielmehr deren nachdrückliche Behauptung. Partizipation hieß, als der, der man war – etwa als Frau oder als Schwuler oder als Schwarzer –, zu einem politischen Subjekt zu werden. Allerdings mussten sich die Akteure dazu aus der Vielzahl ihrer Besonderheiten jene Bestimmung aussuchen, mit der sie sich vergesellschaften wollten (wie wir in Kapitel 2 gesehen haben). Jeder hat ja viele identitäre Bestimmungen – so ist man etwa nicht nur Gender oder nur sexuelle Orientierung. Man suchte einen Teil seiner komplexen Identität als jenen bestimmenden Teil aus, mit dem man ins politische Leben eintrat. Dabei wurde Partizipation von Teilhabe hin zur Anerkennung als politisches Subjekt verschoben. (Wobei dieses politische Subjekt sich immer noch als Teil einer Gruppe verstand, wenn auch einer Minderheitsgruppe.)

Natürlich gibt es das nach wie vor – so wie es ja auch noch Parteisubjekte gibt. Aber es ist gewissermaßen nicht mehr die zeitgemäße Form der Partizipation.

Das Spezifische an der Partizipation im dritten Individualismus wird am Beispiel »Occupy« deutlich – der bankenkritischen Proteste im Gefolge der Finanzkrise und des Arabischen Frühlings in den Jahren 2011 und 2012. »Occupy« war eine Bewegung, die zwar vehement, aber kurzlebig war. Gemessen an ihrer Kurzlebigkeit, war sie nicht bedeutsam. Wenn sie hier dennoch betrachtet wird, so deshalb, weil sie eine andere Besonderheit hatte: Sie war exemplarisch für Partizipation heute. Hier konnte man erstmals neue Formen politischer Partizipation beobachten. »Occupy« wurde zwar – ebenso wie die Piratenpartei mit ihrer »liquid democracy«, wer erinnert sich noch an diese? – als Belebung des Politischen begrüßt, gleichzeitig aber wurde sie auch äußerst skeptisch eingeschätzt: Ist diese Form der Teilhabe effizient? Bringt das etwas auf der Ebene der harten Fakten?

Genau hier gilt es zurückzufragen: Wenn Partizipation Teilhabe ist, Entscheiden, Mitsprache – ist sie dann *reale* Entscheidungsbeteiligung, *reale* Mitsprache?

Anders gefragt: Geht es bei der realen Teilhabe um die Realität oder um die Teilhabe? Diese Frage ist nicht so absurd, wie sie auf den ersten Blick scheinen mag. Denn man sollte das nicht zu schnell gleichsetzen. Man sollte also nicht unhinterfragt hinnehmen, was das bedeutet. Was ist denn die *Realität* der Teilhabe, der Entscheidungsfindung? Das ist nicht nur die Realität der harten Fakten, die Wirklichkeit der messbaren Resultate. Es ist auch die Realität der Teilhabe selbst, die *subjektive* Wirklichkeit der Partizipation: das subjektive Gefühl, gehört zu werden, anerkannt zu werden, sich gemeint fühlen. Das ist es, was Partizipation im dritten Individualismus ausmacht: diese Verschiebung vom rein objektiven Blickwinkel auf die reale Partizipation zum subjektiven Zugang, zum subjektiven Moment von Partizipation. Heute gilt: Partizipation hat nicht nur an der Realität teil, sie hat auch ihre eigene Realität.

Es ist leicht, das abzutun: Augenauswischerei. Nur das Gefühl. Das ist keine reale Partizipation! Man muss aber verstehen, dass allein das *Gefühl* zu partizipieren, das *Gefühl* teilzuhaben kein Defizit ist. Denn das subjektive Gefühl von Partizipation schwebt nicht in der Luft. Damit dieses Gefühl aufkommen kann, muss es ja einen Ort geben, muss es ein Terrain geben, auf dem dieses Gefühl überhaupt entstehen kann: Es muss einen Resonanzraum geben, in dem man gehört wird. Das ist genau der Punkt, wo das entscheidende Kriterium für Partizipation nicht einfach in der harten Realität der Entscheidung zu suchen ist, sondern in der Realität der Teilhabe selbst: Um gefühlt zu werden, muss sie einen Platz erzeugt haben. Genau das bedeutet: Partizipation hat ihre eigene Realität.

Diese Orte, die es für das Gefühl von Partizipation braucht, sind nicht Orte, die vorgegeben sind. Es sind keine Orte, die einfach *da* sind. Weder innerhalb der politischen Parteien (dort waren sie bislang kaum vorgesehen) noch außerhalb. Es ist ein bisschen wie bei der äußerst wienerischen Figur des Querulanten. In Wien meldet sich mit Regelmäßigkeit bei jeder öffentlichen Veranstaltung einer dieser Querulanten mit einem endlosen, meist inhaltlich nicht zum Thema gehörigen Co-Referat zu Wort. In ihrer nervtötenden Art wirft diese Figur aber eine entscheidende Frage auf: Ist Partizipation Teilhabe am dafür vorgesehenen Ort, oder besteht sie gerade darin, diesen vorgesehenen Ort zu überschreiten? Heißt Partizipation einen vorgesehen Raum ausfüllen, oder beginnt sie erst dort, wo sie diesen transzendiert? Man könnte die »Occupy«-Bewegung als eine politische Antwort auf diese Frage verstehen.

»Occupy« war das »Herstellen« von Plätzen, die Aufladung von Orten zu politischen Orten. Genauer: zu politischen Orten des dritten Individualismus. Denn es waren neue Orte, an denen sich das subjektive Moment von Partizipation verwirklichen konnte. Hier konnten sich die Leute als absolut Einzelne engagieren. Hier konnten sie in ihrer konkreten Einzelheit in die öffentliche Arena eintreten. Das klingt banaler, als es ist.

»Occupy« hat gezeigt: Das subjektive Moment von Partizipation bedeutet, als Einzelner vorzukommen – nur dann entsteht für heutige Individuen das Gefühl zu partizipieren. Im dritten Individualismus wollen die Weniger-Ichs, die Weniger-Subjekte in ihrer konkreten Einzelheit teilhaben.

Sie wollen in ihrer ganz konkreten Einzelheit wahrgenommen werden, selbst wenn sie in einer Gruppe auftreten. So konkret und so einzeln, dass sie sich nicht einmal mehr um irgendeinen Identitätssignifikanten – egal welcher Art – gruppieren wollen. Der Einzelne muss, kann, soll nur als solcher teilnehmen. Man könnte diese neue Grundsehnsucht nach Demokratie als Sehnsucht nach *Vollpartizipation* bezeichnen. Das ist die politische Form des dritten, des pluralistischen Individualismus. Vollpartizipation – das bedeutet eben: als ganze Person vorkommen, in seiner konkreten Einzelheit, als der, der man ist – ohne jegliche Repräsentation durch etwas Allgemeines wie eine Gruppe, eine Klasse oder eine Partei.

Man hat das fälschlicherweise für Entpolitisierung genommen, was eigentlich nur ein tiefes Misstrauen gegen Repräsentation und gegen Vereinnahmung ist. Dieses Misstrauen richtet sich nicht nur gegen jede Institution, sondern auch gegen jede kollektive Identitätsbestimmung. Man tritt auch nicht mehr mit einer einzelnen Bestimmung wie im zweiten Individualismus, sondern mit all seinen Bestimmungen, mit seiner ganzen Einzelheit in die politische Arena (im Netz auch als der, als den man sich erfunden hat). Es ist kein Zufall, dass etwa bei »Occupy« die einzige Gleichung, in die das »Wir« gesetzt wurde, jene einer abstrakten Prozentzahl ist: »Wir sind die

99 Prozent.« Bei »Occupy« konnte man sehen: So einzeln war man noch nie, so individualisiert war noch keine politische Bewegung. Es verbindet sie noch nicht mal ein Lebensstil. Denn ein solcher würde ja einheitliche Identitäten erfordern oder erzeugen. Da ist es nur folgerichtig, dass es keinen Forderungskatalog, keine eindeutigen Ziele gab, denn solches würde ganz andere Massensubjekte, ganz andere Zugehörigkeiten erfordern.

Der dritte Individualismus ist nicht nur gekennzeichnet von Skepsis gegen jede Art von Repräsentation, gegen jede Art von Institution und Institutionalisierung. Er ist darüber hinaus auch geprägt von Skepsis gegen politische Inhalte. Man könnte von einer »Programmmüdigkeit«[37] sprechen. Was ist nun aber ein Protest, der von keiner Alternative getragen wird? Wie sieht eine Bewegung aus, wenn es keine wirklichen Lösungen zu geben scheint? Zunächst ist sie bestimmt durch die zunehmende Ablehnung der Agenturen des Dagegen-Seins, also jener Agenturen, an die man sein Dagegen-Sein, seinen Einspruch delegiert, wie Gewerkschaften oder linke Parteien. Das erhöht die Bedeutung des Geschehens an Ort und Stelle, auf den Plätzen. Nicht Forderungen, die auf die Zukunft zielen, sind zentral, sondern der Moment des Protests selber. Man mag die Diskussionsforen, Kommissionen und Arbeitsgruppen, die Vollversammlungen, Putzdienste und Erste-Hilfe-Zelte solcher Bewegungen wie »Occupy« oder vom Tahrir-Platz bejubeln oder belächeln. Belächeln, weil die politische Energie ohne Kanalisierung verpufft. Bejubeln, weil man darin die Wiederkehr eines demokratischen Moments, eines tatsächlichen demokratischen Ereignisses sieht. In jedem Fall hat sich die Empörung, die ja eine eminente politische Energiequelle ist, hier eine neue Bahn gebrochen, indem sie die geregelten Bahnen zurückwies und dennoch ihren Protest formuliert hat. Demokra-

tie, schreibt der bulgarische Politologe Ivan Krastev, sei keine
»satisfaction machine«, sondern Umgang mit Unzufrieden-
heit.[38]

Richard Sennett erzählte bei einer Podiumsdiskussion nach
seinem Besuch an der »Liberty Plaza« bei »Occupy Wall Street«
von den Älteren, die auch dort waren, mit ihrem Unmut, ihrem Unbehagen und ihrer Enttäuschung. Das sind enttäuschte
Glückserwartungen ebenso wie enttäuschtes Vertrauen in die
Politik. Allein, dass sie da waren, sei bereits eine Veränderung
gewesen. Denn sie hätten ihre Frustration zum Ausdruck gebracht und so ein Moment der Anerkennung für sich als Person erfahren. Es handelt sich also um *expressive Politik*.

Aber ist das nicht alles nur Simulation, wie Ingolfuhr Blühdorn meint[39], nur Schein, nur Inszenierung von Demokratie
in dem, was längst zur Postdemokratie geworden ist? Keine demokratische Praxis, die auf reale Veränderungen ziele, sondern
nur demokratische Rituale, die es uns postdemokratischen
Bürgern – also uns Bürgern einer Scheindemokratie, die nur
noch als Fassade existiert – erlauben, uns weiterhin als demokratische Individuen zu erleben und öffentlich darzustellen.
Rituale, die uns nur in unserer Identität bestätigen, ohne tatsächliche Veränderungen zu bewirken.

Wenn wir voller Empörung Petitionen unterschreiben
oder für das Gute klicken, dann sei das nicht echte Selbst-
bestimmung, sondern bestätige uns nur in unserer Identität.
Wenn wir auf Demonstrationen gehen, uns in einer Bürger-
initiative engagieren oder auf öffentlichen Plätzen campieren –
dann diene all das nur der Simulation, so Blühdorn, der großen Illusion, wir würden tatsächlich in einer demokratischen
Ordnung leben. All dies sei nur Teil der postpolitischen Inszenierung, Teil der paradoxen Simulation, auf die sich die Demokratie heute generell reduziere: Praktiken einer »kollekti-

ven Selbstillusionierung«, die es erlauben, »das demokratische Selbstverständnis« erlebbar zu machen und gleichzeitig eine Politik der Exklusion, der Ausgrenzung und Ungleichheit aufrechtzuerhalten. Ja mehr noch – eine solche Politik würde gerade in und durch dieses Ausagieren befestigt.

So bedenkenswert Blühdorns Theorie der Simulation auch ist, und sosehr sie dem eigenen Gefühl entgegenkommen mag – damit wird jedes Engagement, jedes politische Handeln in Frage gestellt und als Simulation, als Schein abqualifiziert. Es ist leicht, solches als Augenauswischerei abzutun, als reine Selbsthygiene und politische Wellness, die von den wirklichen Veränderungen, den harten Fakten ablenke. Aber bevor wir gänzlich in die postdemokratische Depression kippen – noch ein paar Fragen.

Die Entgegensetzung von wirklicher und subjektiver Teilhabe, die Entgegensetzung von Realität und Schein, von wirklicher Politik und subjektivem Gefühl folgt der alten materialistischen Vorstellung, es gäbe einen eigentlichen Ort des politischen Geschehens – alles andere sei nur abgeleitetes, eben uneigentliches Handeln. Basis-Überbau nannte man das altmarxistisch. Tatsächlich aber haben wir längst gelernt, die Wichtigkeit, aber auch die gesellschaftliche Wirksamkeit solch »uneigentlichen« Handelns zu verstehen. Tatsächlich haben wir längst gelernt, dass es keinen eigentlichen, keinen privilegierten Ort des politischen Handelns gibt – weder ist dieser die Ökonomie noch einfach das staatliche Handeln. Und gerade heute, gerade im dritten Individualismus erfahren wir, dass der Gegensatz von realer Partizipation und subjektiver Teilhabe – also die Denunzierung der subjektiven Teilhabe als uneigentliche, nicht wirksame, nicht reale – nicht mehr tragfähig ist.

Und andererseits: War Demokratie nicht immer schon eine solche kollektive Selbstillusionierung, war sie nicht immer eine

Inszenierung – die Inszenierung von Volksherrschaft, Wähler-
willen und autonomen Bürgern? Haben wir es nicht einfach
nur mit dem Unterschied zwischen alten Inszenierungen und
neuen zu tun? Alte Inszenierungen waren Praktiken zur Herstellung eines Volkserlebnisses, also jenes ozeanischen Gefühls
eines Aufgehens in der Masse. Heutige Inszenierungen hingegen zielen zunehmend in die andere Richtung: Es sind Dar-
stellungen des Einzelnen als Einzelner – selbst in der Masse.
Aber so funktionieren politische Bewegungen heute. Was solche Bewegungen leisten können, ist, Gefühle nicht nur zu versammeln, sondern Emotionen zu verdichten an einem Ort, zu
einem Moment. Genau das machte die Bewegung der Okku-
pierer. Und genau das erzeugte den Eindruck, an diesen Plätzen geschehe etwas, da bewege sich etwas. Deshalb wollte auch
jeder dabei sein. Prominente schmückten sich damit, dort gewesen zu sein, Theoretiker wollten dort reden oder erwähnten
en passant, dass sie Grundsatztexte für diese Leute geschrieben
hätten.

Ivan Krastev meinte angesichts dieser Emphase der Intellektuellen, es gäbe neuerdings einen »demokratischen Sentimen-
talismus«, sobald mal fünftausend Menschen auf der Straße
seien. Auch das unterstellt, frühere politische Bewegungen
wären *the real thing* gewesen, heute hingegen würden wir jeden Karneval verklären oder jeder Simulation aufsitzen. Aber
war nicht schon dieses *real thing* eine Sentimentalität? Agier-
ten politische Bewegungen nicht immer schon in »geborgten
Kostümen«, wie es bei Marx heißt? Die Kleider passen nie. Jede
Bewegung spielt prägende Szenen, gesellschaftliche Ur-Szenen
nach. Im besten Fall gelingt es dabei, neue, das heißt modernisierte Versionen von solchen politischen Ur-Szenen zu ent-
wickeln. Dazu müssen sie aber zum Ereignis werden, dazu müssen sie vermitteln, dass hier tatsächlich etwas geschieht. Wenn

das gelingt, geben sie nicht nur dem Einzelnen das Gefühl der Teilhabe, dann wird dieses Erlebnis auch exemplarisch. Dann können andere sich in diesem Erleben wiedererkennen. So erhält die Realität von Gefühlen Wirksamkeit. Denn Protestierende haben den Mächten, die sie regieren, nicht viel mehr als ihre Emotionen, ihre Wut, ihren Unmut, ihre Enttäuschungen entgegenzusetzen. Aber das ist ein wertvoller, ein zentraler demokratischer Rohstoff.

Denn Emotionen haben im dritten Individualismus eine besondere Funktion, einen außerordentlichen Stellenwert. Zunehmend losgelöst von ihren bisherigen Kanalisierungen, sind sie zu *dem* Medium des pluralisierten Subjekts geworden: In der Emotion realisiert man sich als tatsächlich Einzelner.

Kann man so die Welt verändern? Vielleicht nicht – aber es kann zur Voraussetzung für Veränderung werden. Den Realisten sei gesagt: Ja, das ist blauäugig und naiv. Aber das ist das politische Bedürfnis unserer Zeit. Und all die Rationalität von Parteien, Organisationen, Institutionen reicht offenbar nicht mehr aus. Veränderung bedarf noch eines Anderen. Veränderung bedarf des Rohstoffs, den die »Occupyer« geliefert haben. Danach kann dessen Verarbeitung kommen.

Die »Occupy«-Bewegung mag sich – auch ihrem eigenen Anspruch gegenüber – als Sackgasse herausgestellt haben. Aber mit dem Gegensatz von *wirklichem* Handeln und reinen Erlebnisräumen wird man dem, was sich da auf diesen Plätzen gezeigt hat, nicht gerecht. Die »Occupy«-Bewegung hatte eine Lektion: Sie hat das Paradigma für pluralisierte Partizipation sichtbar gemacht.

Was der Konvertit für den Glauben, was Transgender für die Kultur, das ist die Vollpartizipation für das Politische: paradigmatische Figuren, paradigmatische Formen – die zwar nicht alle sind, der nicht alle folgen, die in dieser Form nicht alltagstauglich sein mögen, die aber die Veränderung deutlich machen und in diesem Sinn eben paradigmatisch sind.

Paradigmatisch sind sie, als an ihnen das Begehren nach Vollpartizipation, die Sehnsucht also, als Einzelner teilzunehmen, vorzukommen, anerkannt zu werden, deutlich wird. Dieses demokratische Grundbedürfnis des dritten Individualismus hängt ganz eng mit der grundlegenden Veränderung durch die Pluralisierung zusammen. Die Erosion, die Abwesenheit, die Unmöglichkeit einer allgemeinen Gestalt, in der sich die Einzelnen wiedererkennen können, ruft genau dieses Begehren auf den Plan: das Begehren nach Anerkennung – nach einer Anerkennung, die, anders als im zweiten Individualismus, heute eine Anerkennung der ganz konkreten Einzelheit sein soll.

Dies ist nicht einfach nur das Begehren der Einzelnen, sondern auch die Form, in der sich heute Zugehörigkeit realisiert. Teil der Gesellschaft sein heißt heute: wahrgenommen werden. Das ist die Währung der Demokratie. Wenn sich die Zugehörigkeit verändert, dann verändert sich auch die Nicht-Zugehörigkeit. Ausgeschlossen-Sein bedeutet demnach: nicht wahrgenommen werden. Deshalb sei die Sehnsucht nach einer gerechten Gesellschaft heute, so Pierre Rosanvallon, verbunden mit dem Wunsch nach Anerkennung.[40] Die offenste Form des Nicht-wahrgenommen-Werdens, des Mangels an Anerkennung ist die Diskriminierung – der Ausschluss *von* seiner konkreten Einzelheit. Diese Ungleichbehandlung verweigert dem Einzelnen seine konkrete Einzelheit, weil dieser auf seine Herkunft, auf seine Religion oder auf sein Geschlecht reduziert wird. Insofern ist der politische Gegensatz des dritten Individualismus jener zwischen Anerkennung und Nicht-Anerkennung – also jener zwischen Partizipation und Ausschluss von Partizipation, zwischen Vorkommen und Nicht-Vorkommen.

Virulent wird dieser Gegensatz in dem Verhältnis von Partizipation und Integration. Wie problematisch dieses Verhältnis ist, wurde nochmals deutlich, als erstmals eine türkische Liste bei den Wiener Gemeinderatswahlen angetreten ist: »Gemeinsam für Wien«. Das war eine Premiere, eine große Veränderung – aber war es auch eine gute? Die Antwort ist keineswegs einfach.

Beginnen wir mit dem Einfachen – der Reaktion der politischen Rechten. Mit intaktem Beißreflex ließ sie vernehmen: Das Antreten einer eigenen migrantischen Liste sei Beweis für einen mangelnden Integrationswillen. Ein interessantes Argument. Ist es doch nichts weniger als eine lupenreine Verkehrung. Denn das Bilden einer eigenen politischen Liste ist ja Ausdruck eines unglaublichen Integrationswillens – eines Willens, der behauptet: Wir sind hier, wir leben hier, wir arbeiten hier – wir wollen auch am öffentlichen Leben partizipieren. Wir wollen teilhaben. Uns engagieren. Der Kampf um mehr Mitsprache ist genau das Gegenteil einer Integrationsverweigerung.

Es gibt bekanntlich zwei Ideen, zwei Vorstellungen vom Umgang mit Migranten seitens der Mehrheitsgesellschaft: Assimilation und Integration.

Wenn man Integration im Sinne der politischen Rechten versteht, dann überspringt man dies von zwei Seiten: Man fordert, dass Migranten spurlos in der Mehrheitsgesellschaft aufzugehen haben. Und man postuliert, diese Mehrheitsgesellschaft brauche sich nicht zu ändern. Der Name für diesen Vorgang ist bekannt: Er lautet Assimilation. Nur aus dieser Perspektive kann man das als Verweigerung bezeichnen, was doch vielmehr ein großer Schritt *in* die österreichische Gesellschaft ist: eine eigene politische Liste. Es ist dies aber die Verweigerung des spurlosen Einfügens.

Auf der Homepage des österreichischen Staatssekretariats für Integration konnte man lesen: »Es soll nicht die Herkunft eines Menschen zählen, sondern die Leistung, die jemand erbringt. Integration geschieht durch Leistung.« Das klingt zunächst ganz offen und einleuchtend. Tatsächlich aber wirft es eine entscheidende Frage auf: Was ist mit jenen Leistungen, die die Gesellschaft nicht so leicht integrieren kann? Was ist mit jenen Erfolgen, die nicht einfach in der Erfüllung einer ökonomischen, sportlichen oder künstlerischen Norm bestehen? Was ist mit jenen Erfolgreichen, deren Erfolg darin besteht, die Gesellschaft zu verändern – Politiker, Lehrende, Theoretiker, Aktivisten, Engagierte? Was ist mit jenen, deren Leistung darin besteht, das problematische Verhältnis von Partizipation und Integration zu reflektieren und zu gestalten. Sind sie durch ihre aktive Teilnahme in der Gesellschaft »angekommen«? Oder haben sie die Gesellschaft erneuert?

Integration heißt nicht einfach, einen Platz einnehmen, sichtbar werden, Teil der Institutionen oder Teil der Eliten werden, sondern aktive Teilnahme. Eine Teilnahme, die also nicht einen vorgegebenen Platz einnimmt, sondern den Ort der Ankunft, die Gesellschaft selbst verändert. Eine Leistung, die nicht nur eine Norm erfüllt, sondern die Norm selbst verändert. (Und genau das soll Assimilation, das Phantasma eines spurenlosen Einreihens in das Bestehende, ja abwehren.) Damit verändert sich aber der Begriff der Integration selbst: Diese ist nicht Erfüllung einer Vorgabe, sondern Veränderung – Veränderung der eigenen Identität, Veränderung der Identität der anderen, Veränderung der Gesellschaft.

Und genau an diesem Punkt kann auch die Kritik an der türkischen Liste ansetzen. Ein Einwand gegen diese politische Initiative lautete: Nicht, woher du kommst, zählt, sondern, wofür du stehst. Das wäre in der Tat ein richtiger Einwand, wenn die Mehrheitsgesellschaft auch so handeln würde: Wenn die österreichische Gesellschaft Migranten und Asylanten nach diesem Prinzip begegnen würde, dann wäre eine eigene Migranten-Liste tatsächlich obsolet. Da die hier Lebenden aber genau nach diesem Kriterium beurteilt werden, da die Herkunft über Zugehörigkeit und Lebenschancen entscheidet, da Diskriminierung ihnen die Teilhabe als konkrete Einzelne verweigert, wäre eine politische Gruppierung, die die Ausgeschlossenen repräsentiert, tatsächlich überlegenswert. Eine solche würde das Prinzip Partizipation gegen das Prinzip Integration in Stellung bringen.

Würde. Denn das Widersprüchliche, das Problematische der türkischen Liste beginnt dort, wo man sich vom Medium des politischen Engagements (also *dass* man sich überhaupt engagiert) dessen Inhalt zuwendet. »Gemeinsam für Wien« ist eine rein türkische Liste, eine Liste von »österreichischen Türken«, wie sie der türkische Präsident Erdoğan bei seinem Wiener Wahlkampfauftritt adressiert.

Nun sind die Wiener Migranten aber äußerst heterogen. Und hier liegt die Crux dieser Liste: Eine rein türkische Liste, bei der schon Kurden und Aleviten abwinken, eine rein ethnische Liste ist kontraproduktiv. Nicht weil sie das rechte Gespenst einer muslimischen Machtübernahme verwirklicht. Nein, eine ethnische Liste konterkariert vielmehr genau das, was eine migrantische Liste leisten könnte: die Repräsentation von Minderheiten, von Heterogenität als Einspruch gegen eine sich als homogen verstehende Nationalität. Sie konterkariert das entscheidende Moment der (positiven) Integration: die Veränderung der Identität jedes Einzelnen in einer heterogenen, gemischten, pluralisierten Gesellschaft. In diesem Sinn ist sie genau das Gegenteil von dem, was eine echte Antwort wäre.

Partizipation bedeutet Ermächtigung, die Erzeugung und

Bekräftigung von partizipatorischen Subjekten also. Dazu, zur Ermächtigung der Schweigsamen, die nicht reden wollen, und zur Ermächtigung der Ausgeschlossenen, die nicht reden können oder dürfen, sind ethnische Gettos nicht dienlich.

Partizipation im Allgemeinen braucht partizipative Subjekte, Subjekte also, die partizipieren können und wollen. Solche Subjekte fallen aber nicht vom Himmel. Wir sind nicht alle partizipative Subjekte. Und wir sind es, wenn wir irgendwann dazu geworden sind, auch nicht immer. Das partizipative Subjekt braucht also eine Anrufung, einen Vorgang, in dem es hergestellt und aktualisiert wird.

Dabei stellt sich die Frage: Geht diese Ermächtigung der Teilhabe voraus, oder entsteht sie erst durch sie? Partizipieren wir, weil wir uns schon ermächtigt haben, weil wir schon partizipative Subjekte sind, die sich Gehör verschaffen wollen? Oder ist die Ermächtigung ein Effekt der Partizipation – werden wir zu engagierten Subjekten, weil wir partizipieren? Gerade für neue Subjekte, für Weniger-Ichs ist das eine virulente Frage.

Die Antwort wird wohl beides berücksichtigen müssen. Denn wir sprechen hier ja nicht von abgeschlossenen und isolierten Vorgängen. In unseren jeweiligen Biografien ist Partizipation ja kein Dauerzustand, sondern ein – vielleicht – wiederkehrender Moment, in dem wir unsere eigene Geschichte weiterschreiben. Zugleich aber zeigt sich, dass der Partizipation auch ein performativer Moment anhaftet, ein Moment also, wo die Teilhabe, wo das teilhabende Subjekt gerade durch und in dem Akt der Partizipation entsteht – wo wir als solche aktualisiert, erneuert, befördert werden. Eben an den Orten, an den Plätzen der Partizipation.

Deshalb lautet die zentrale Frage: Was ist die politische Form für jenes Begehren nach Vollpartizipation, für den Wunsch des dritten Individualismus, als Einzelner vorzukommen?

Parteien in ihrer bisherigen Form sind immer weniger die adäquate Form für dieses Begehren, für diese Subjektivitäten. Parteien waren angemessene Institutionen für den ersten Individualismus: pädagogische Institutionen, die die Mission hatten, Leute zu verändern, zu erziehen. (Wir sind dem schon in Kapitel 2 begegnet.) Genau darin waren sie dem protestantischen Geist verpflichtet: Dieser prägte nicht nur Arbeit und Produktion, sondern auch pädagogische politische Großgruppen. Als solche waren auch diese vom asketischen Ideal und dessen drei wesentlichen Elementen bestimmt: Disziplin, Autorität und Triebaufschub.

Die politische Form des zweiten Individualismus hingegen war die NGO. NGOs waren einmal die avancierteste Form der politischen Organisation. Eine befreiende Artikulation von politischem Engagement neben und gegen Parteien als schwerfällige, hierarchische Disziplinarinstitutionen, als korrupte Teile des Machtsystems. Dagegen wurden die NGOs in den 1980er Jahren in Stellung gebracht – als das neue Medium, das unmittelbare Beteiligung, direkte Partizipation, Wissensakkumulation, effizientes, sinnvolles Tun, vor allem aber saubere Hände versprach. NGOs bedeuteten Glaubwürdigkeit und moralische Kraft – eine politische Beteiligungsform, die im Unterschied zu Parteien eine in jeder Hinsicht »gute« Politik garantierte.

Heute aber, im dritten Individualismus, haben NGOs diesen Status – teilweise – verloren. Heute sehen selbst NGOs alt aus. Nicht so sehr, weil sie Teil des Establishments geworden sind, sondern eher, weil sie Teil des traditionellen Politikverständnisses sind.

Um das heutige Politikverständnis der pluralisierten Gesellschaft zu verstehen, scheint es sinnvoll, sich einer eminenten Verschiebung zuzuwenden, die uns alle – nicht nur insofern wir politische Subjekte sind – betrifft. Gemeint ist damit die Verschiebung des Diskurses vom guten, vom gelingenden Leben, der in den westlichen Ländern seit den sechziger und siebziger Jahren des 20. Jahrhunderts Einzug gehalten hat: der Hedonismus.

Im Gefolge von 1968 hat eine Poplinke die Lust als Lebensprinzip stark gemacht – gegen die langweiligen Spießer, also die Eltern, aber auch gegen die Kollegen von der dogmatischen, puritanischen Linken. Ihr war Hedonismus ein Glücks- und Freiheitsversprechen, das sich unmittelbar im Hier und Jetzt vollziehen ließ. Genießen war sowohl Medium als auch Einsatz einer emanzipatorischen Rebellion. Es war Ausweg aus der Spießigkeit, Befreiung vom vorherrschenden Puritanismus mit seiner restriktiven Sexual-, Arbeits- und Lebensmoral: Es holte uns da raus. Hedonismus – das war das ganz andere, das pralle Leben.

Diese Schlacht hat der Puritanismus nachhaltig verloren. Spätestens Ende der 1980er Jahre hat die allgemeine Deregulierung auch das asketische Disziplinierungsprogramm ergriffen. Ab diesem Zeitpunkt löst der Hedonismus den bis dahin geltenden protestantischen Geist ab. Zunächst einmal im Ökonomischen. Wenn Max Weber die Genese des Kapitalismus an den Geist des Protestantismus rückband, an dessen asketische Lebens- und Arbeitsmoral, so hat der flexibilisierte Turbokapitalismus nicht nur gezeigt, dass diese rigide Lebensführung des Triebverzichts obsolet geworden ist, sondern auch, dass Kapitalismus heute auch und gerade durch deren Gegenteil funktionieren kann. Der Hedonismus wurde zum vorherrschenden Narrativ. Das heißt, die Vorstellung vom gelingenden Leben ist jene des ausgelebten, des vollzogenen Genießens. Es ist auch kein Geheimnis, dass ebendieser Hedonismus im Zuge seiner Karriere seine Konnotationen nicht nur verändert, sondern nahezu verkehrt hat. War Hedonismus ursprünglich ein Signum der Rebellion, des Einspruchs gegen eine lustfeindliche Moral und als Befreiungsschlag gedacht, so hat sich dieser Hedonismus längst in sein Gegenteil verkehrt. Mit seiner Durchsetzung, mit seinem Erfolg ist aus einem rebellischen Geist ein Medium der Teilhabe, des Konsums, der Funktionsweise des Kapitalismus geworden. Denn Letzterer braucht nicht nur Arbeitskräfte, die funktionieren, sondern auch Konsumenten, die genießen. George Batailles »Ökonomie der Verschwendung«, 1967 als Einspruch gegen die Kapitalakkumulation gemeint, hat sich in die große Party des Marktes verwandelt.

All das ist hinlänglich bekannt. Zugleich und vielleicht weniger bemerkt ist ebendies aber auch zur Signatur des Politischen des pluralisierten Subjekts geworden: Politik im dritten Individualismus ist politischer Hedonismus. Nun muss man aber vorsichtig sein: Hedonismus im Politischen ist nicht gleichzusetzen mit Spaßgesellschaft beziehungsweise mit dem Teil, der Spaß an der Spaßgesellschaft hat. Was mit dem politischen Hedonismus in den Blick kommt, ist ein verändertes Subjekt des Demokratischen, des Politischen. Was diese Veränderung, was politischer Hedonismus genau bedeutet, lässt sich am besten an seiner Verschiebung der genannten drei protestantischen Momente ablesen – an der Verschiebung von Disziplin, Autorität, Triebaufschub. Denn das Narrativ des Hedonismus verschiebt nicht nur beim ökonomischen, sondern auch beim politischen Subjekt genau diese Momente.

Der erste Individualismus bedeutete, einer selbstgewählten Autorität zu folgen. Der Impuls des dritten Individualismus hingegen besteht genau darin, jede solche zurückzuweisen, jeder Autorität (und damit auch jeder politischen Institution) mit Misstrauen zu begegnen und stattdessen einem eigenen Weg, der eigenen politischen Lust zu folgen. Das ist in all seiner

Eigenmächtigkeit nicht die Verwirklichung der Autonomie des Einzelnen, von der Aufklärer noch heute träumen mögen. Hier realisiert sich nicht der mündige Bürger. Hier folgt nur das pluralisierte Subjekt seinem Begehren.

Dem eigenen Weg folgen lässt sich aber nur, wenn dieser Weg kein vorgegebener ist. Statt fixer Zugehörigkeiten werden politische Lebensläufe heute immer öfter zu Patchworkbiografien, die die »alten« Parteien wie »lustfeindliche« Dinosaurier aussehen lassen. Politischer Hedonismus ist also expressiv, expressive Politik: Er soll den eigenen moralischen Anspruch möglichst authentisch ausdrücken – dabei ist er aber höchst unzuverlässig, was seine Loyalitäten anlangt.

Die zweite Verschiebung betrifft das Disziplingebot. Disziplin bedeutet ja, einer vorgegebenen Lebensführung zu folgen, und bildete im Verbund mit der Autorität eine starke politische Identität aus. Stark war diese Identität aber nicht, insofern sie den Einzelnen ermächtigte, stark war sie vielmehr im Sinne einer starken Bindung. Eine Bindung, die mittels Disziplinierung funktioniert, ist aber eine bindende Unterwerfung. Disziplinierung und Autorität bewirken das, was als wesentliches Merkmal der politischen Großprojekte genannt wurde: die Veränderung, die Transformation, die Erziehung des Einzelnen. Die heutige politische Identität hingegen ist insofern hedonistisch, als sie den politischen Institutionen das Recht, den Anspruch auf Veränderung abspricht. Politischer Hedonismus weist die Veränderung zurück: Er besteht auf sich selbst – ein wesentlicher Zug des Hedonismus.

Die dritte wichtige Verschiebung ist jene, die die Entsagung, den Triebaufschub betrifft. Die hedonistische Zurückweisung dieses Aufschubs, das Bestehen auf dem vollzogenen Genuss bedeutet im Politischen die Zurückweisung jedes künftigen Glücksversprechens: kein Glücksaufschub mehr. Alle politischen Versprechen, die auf die Zukunft verweisen, sind schal geworden.

Die Nation war ein »mnemotechnisches Unternehmen«[41], das die Gegenwart immer an die Vergangenheit zurückgebunden hat. Die großen Volksparteien, wo sie als solche funktioniert haben, hatten einen wesentlichen Indikator in die Zukunft, in deren Namen eben jeder Trieb- und Glücksaufschub stand. Der politische Hedonismus ist aber gänzlich in der Gegenwart angesiedelt, ein Vollzug im Hier und Jetzt. Das kann sich in der Vorstellung von der Unveränderbarkeit, der Alternativlosigkeit der gegenwärtigen Gesellschaftsordnung vollziehen, ebenso wie in der Vorstellung eines politischen Wechsels – aber hier und jetzt. Auch politische Alternativen können nicht mehr Vektor in die Zukunft sein. Politischer Hedonismus realisiert sich also in der Vollpartizipation als Einzelner, ohne Veränderung, Hierarchie oder Triebaufschub – so das Fazit.

Was ist nun die Form für politischen Hedonismus und dessen Vollpartizipation? Für diesen ist selbst die NGO des zweiten Individualismus nicht mehr die angemessene politische Organisationsform. Weil eine NGO immer noch zu sehr an die alte Institutionsform angelehnt ist. Sie ist zwar eine niedriggradige, aber dennoch eine Institution. Und damit ist sie in einem gewissen Maße immer noch schwerfällig, disziplinierend und verbindlich. Dieselben Argumente also, die vor zwanzig Jahren den neuen NGOs gegen die etablierten Parteien dienten, werden nun gegen sie selbst in Anschlag gebracht. Heute, im politischen Hedonismus, braucht es eine direkte Linie von politischen Emotionen zum politischen Handeln. Die Emotionen sind, wie bereits erwähnt, das privilegierte Medium des politischen Subjekts, das zentrale Moment des Politischen heute.

Politisches Handeln soll noch spontaner, noch dynamischer, noch unhierarchischer, noch schneller sein. »Kundgebung heißt jetzt Flashmob«, schreibt der Menschenrechtler Philipp Sonderegger.[42]

Dem entspricht das lose, punktuelle Netzwerk. Wesentlich ist, dass sich diese situativen, okkasionellen Zusammenschlüsse jedem gemeinsamen Nenner verweigern. Jede Abstraktion wird verdächtigt, die Konkretheit des Einzelnen zu untergraben. Das haben wir von der »Occupy«-Bewegung gelernt. Die Lektion von »Occupy« war, ein politisches Bedürfnis sichtbar gemacht zu haben – das Bedürfnis nach Vollpartizipation, nach dem Medium also, in dem sich der politische Hedonismus vollzieht. Die drängende Frage, die sich nun stellt, lautet: Gibt es eine adäquate, alltagstaugliche politische Form für dieses Bedürfnis? Wo findet diese Sehnsucht Eingang ins Politische? Wo zeitigt dieses Begehren weitergehende Effekte als jenen der »Occupy«-Bewegung, weitergehende Effekte also, als nur das neue Paradigma sichtbar zu machen?

Und tatsächlich gibt es diese Formen, tatsächlich gibt es diese Verwirklichungen. Auch im alltäglicheren politischen Handeln – sowohl im zivilgesellschaftlichen als auch im Bereich des Politischen im engeren Sinn.

Im zivilgesellschaftlichen Bereich realisiert sich das Begehren nach Vollpartizipation des politischen Hedonismus im Engagement der Einzelnen. Genauer gesagt – in der Veränderung, die dieses Engagement erfahren hat. Denn auf der einen Seite gibt es einen steigenden Wunsch nach Teilhabe, nach Engagement in allen gesellschaftlichen Bereichen. Auf der anderen Seite aber kann man einen Wandel der Engagementkultur registrieren. Es ist nicht Mobilisierung, die Leute in Bewegung setzt – es ist Selbstmobilisierung, die sie dazu bringt, sich zu engagieren. Man denke nur an die überwältigenden Szenen an den Bahnhöfen in Deutschland und in Österreich im Herbst 2015.

Selbstmobilisierung aber hat zur Voraussetzung, dass es keine Vereinnahmung dieses Engagements gibt. Ijoma Mangold nannte dies in der *Zeit* einen »Überzeugungsindividualismus«, der nicht bereit wäre, »sich unter der notwendig generalisierenden Fahne einer Partei zu versammeln«.[43] Engagement bedeute für heutige Subjekte, »einen individuellen Partizipationscocktail« zu mischen, mit dem man, so Mangold, »hundertprozentig identisch sei«. Ein Engagement, wo der Einzelne tatsächlich seine konkrete Einzelheit realisiert. Und ein Engagement, aus dem er Nutzen lukriert: Wertschätzung, die Möglichkeit, seine Talente einzubringen, Spaß, auch eine Steigerung der eigenen Kompetenzen. Kurzum: ein Engagement, in dem der pluralisierte Einzelne seinen politischen Hedonismus verwirklicht.

Aber auch Institutionen wie Parteien müssen diesen Bedürfnissen heute Rechnung tragen. Sie sind gezwungen, sich zu verändern – zu Orten für subjektive Partizipation, für das Gefühl von Teilhabe zu werden –, ohne die Einzelnen zu sehr einem allgemeinen Signifikanten, einer »generalisierenden Fahne« zu unterwerfen. Das heißt, auch Parteien müssen heute Resonanzräume eröffnen, wo Einzelne als Einzelne gehört werden, Foren, wo Leute zu Wort kommen. Einer der Ersten, der die Notwendigkeit einer solchen Veränderung erfasst hat, und der dem Bedürfnis nach Veränderung Rechnung getragen hat, war Emmanuel Macron.

Emmanuel Macrons unglaublicher und unvorhergesehener Wahlerfolg bei den Präsidentschaftswahlen 2017 und das desaströse Abschneiden der französischen Sozialdemokraten sind wie Spiegelbilder. Denn Macron hat eine wesentliche, vielleicht *die* wesentliche Verschiebung im Bereich des Politischen verstanden. Er hat das verstanden, was die Sozialdemokratie nicht verstanden hat – und vielleicht ob ihrer historischen Form, die heute ihr Ballast ist, auch nicht verstehen konnte: Die soziale Frage kann heute nicht mehr in der alten Art und Weise gestellt werden. Die alte Art war, die Menschen als Klasse, als Gruppe anzusprechen. Dies war nicht nur der Inhalt alter Sozialpolitik (das Klasseninteresse), es war auch deren Form – die Partei als Gruppenrepräsentant. Die alte Klassengesellschaft mit ihren stabilen, klar abgegrenzten Blöcken hat den Individuen eine gesamte Darstellungspalette geboten: Organisationen, eine adäquate politische Vertretung, eine Sprache, ja sogar Lieder. Eine ganze Semantik zur Einbindung in die Gesellschaft. Im Zeitalter der pluralisierten Individuen hingegen mit ihrem Streben »nach einer zur Gänze persönlichen Existenz«[44] funktioniert diese Integration nicht mehr. Im dritten Individualismus gibt es keine adäquate Repräsentation der radikal Einzelnen mehr. Gruppenrepräsentation trifft nicht mehr das politische Bedürfnis heutiger Bürger. Nicht weil es keine Sozialprobleme mehr gäbe. Aber das, was die Menschen heute politisch bewegt, berührt, antreibt, ist – wie wir gesehen haben – etwas anderes: ihre Sehnsucht nach Vollpartizipation.

Macrons Bewegung – das waren nicht nur Großauftritte des Stars, sondern auch und ganz wesentlich kleine Treffen überall im Land. Bürgerversammlungen im wahrsten Sinne: das Zusammentreffen von Bürgern – nicht um der Rede eines Tribuns zu folgen, sondern um die Leute zu Wort kommen zu lassen. Diese Versammlungen sind also Orte, wo die Einzelnen gehört werden – eine Art von Orten, die in klassischen Parteien in der Art nicht vorgesehen sind. Anders als in Bezirksgruppen oder Parteisektionen treffen sich da nicht Parteigenossen, um sich als Gleiche zu bestätigen. Hier treffen sich vielmehr ganz verschiedene Einzelne. Hier können die Leute vorkommen – mit ihren Lebensgeschichten, mit ihren Problemen. Ohne in Kategorien, Gruppen, Identitätsenklaven eingesperrt zu werden. Sie müssen sich nicht verändern, sie müssen nicht Gleiche werden.

Denn es sind Foren, die keine Gruppenidentität vorgeben – weder als Nation noch als Klasse. Was die Leute vereint, ist nur der Wille, ihre Probleme zu lösen. Gemeinsam. »Ensemble«. Das entfacht Begeisterung – jene magische Ressource, jenes Gold, nach dem heute alle in der Politik suchen.

Ursache, Auslöser dieser Begeisterung ist also nicht einfach nur das Charisma des Shootingstars Macron. Es ist auch das neue politische Modell, die neue Form, die er angeboten hat. Denn diese ist es, welche das politische Bedürfnis, das politische Begehren heutiger Bürger trifft – dieses Begehren nach Teilhabe, das Wunsch nach Anerkennung ist. Eine Anerkennung, die – wie wir gesehen haben – nicht die alte Anerkennung als Teil einer Gruppe, als Teil einer Klasse, als Teil einer Partei ist. Wie gesagt, dies ist nicht die Verwirklichung des autonomen Subjekts, des mündigen Bürgers – es ist nur eine Annäherung, eine Erfüllung des Begehrens der Weniger-Ichs. Dies bedeutet nicht Emanzipation im alten, sondern Anerkennung im neuen Sinn. Und es sagt nichts aus über die Politik, die dem folgen wird. Aber der Wunsch, als Einzelner anerkannt zu werden, als Einzelner in seiner Besonderheit erkannt zu werden, entspricht auch der gegenwärtigen Lebensform. Wir alle müssen heute unser Leben als Einzelne meistern. So möchten wir auch im Politischen als Einzelne anerkannt werden. Das mag verrückt sein in einer Massendemokratie, aber es scheint das grundlegende politische Bedürfnis der Gegenwart zu sein.

An dieser Stelle muss man auch Didier Eribon widersprechen. In seinem wunderbaren Buch »Rückkehr nach Reims« benennt er das, was die Linke, was die französische kommunistische Partei geleistet habe und nun nicht mehr leiste: Sie habe die Arbeiterklasse als »Gruppe mobilisiert«[45]. Sie habe diese zu »einer selbstbewussten, in politischen Traditionen und objektiven Lebensbedingungen verankerten Gruppe«[46] formiert.

Deshalb sieht er den Ausweg aus der politischen Krise darin, dass die Linke die Arbeiter wieder als Gruppe adressieren und formieren müsse – wie dies heute nur noch die Rechten um Marine Le Pen tun. So klug die Analyse ist, Eribons Ausweg überzeugt nicht. Denn dieser trifft nicht das politische Bedürfnis heutiger Subjekte.

Macron hingegen präsentiert keine andere Gruppenidentität. Er tritt nicht gegen den dritten Individualismus an. Er bietet diesem vielmehr seine Zauberformel an – eine Zauberformel, die da lautet: den Einzelnen in der Massengesellschaft vorkommen lassen. Das ist es, was Begeisterung weckt. Es ist dies aber nicht der Einzelne des alten Liberalismus, der private Einzelne. Auch nicht der Einzelne des alten Republikanismus, der Citoyen als Gleicher. Es ist dies vielmehr der jeweilige, konkrete Einzelne als neue öffentliche Sache: der Einzelne als res publica. Das ist die politische Formel für eine pluralisierte Gesellschaft. Individualismus wird hier zur neuen Grundlage des Gemeinsamen. Und so, gemeinsam, *ensemble*, setzen sich diese verschiedenen Einzelnen *en marche*.

Dass diese Veränderung der politischen Formen, dieser Aufbruch aus überkommenen Strukturen, dieses Ankommen im dritten Individualismus nicht notwendigerweise ein Fortschritt sein muss, zeigt sich am österreichischen Beispiel. Denn dieser französische *dernier cri* des Politischen ist auch in Österreich angekommen: neue Bewegung statt alte Parteien. Allerdings in einer lokalen Version: als eine neue Liste, die sich auf eine alte Partei – die bisherige ÖVP – draufsetzt. Die Kommentatoren waren entzückt von der modernen »Hybridform« und bescheinigten dem Zwitterwesen höchste Attraktivität.

Mit dem Zwitter Liste/Partei soll an den Hype um die neue politische Form angedockt werden. Er soll all das austreiben, was an Parteien als verstaubt und verkrustet erlebt wird – also starre Abläufe, fixe Hierarchien. Für den Einzelnen bedeuteten diese Unterordnung, Anpassung. Das war einmal ein Vorteil, diese erzieherische, assimilierende Funktion der Massenparteien. So etwas erzeugt geschlossene Gruppierungen. Auch das war einmal ein Vorteil – der Vorteil der Gesinnungs- und Solidargemeinschaft. Heute aber – so die Wahrnehmung – überwuchert der Apparat alles: Er saugt die Menschen aus, ihre Ideen, ihre Energien. Eine vampiristische Institution.

Von daher rührt die Attraktion von politischen Bewegungen – selbst in ihrer Listenform. Dieser Zwitter bietet dazu den Vorteil, sich nicht wie eine politische Bewegung am freien Markt der Demokratie behaupten zu müssen. Finanziell und organisatorisch kann er ja auf den staatlich subventionierten Parteiapparat zurückgreifen. Für alle diese Formen aber, ob Bewegung oder Liste, gilt: Sie verhalten sich zu Parteien wie die Ehe zu Lebensabschnittspartnerschaften. In diesem Sinne sind sie modern. Statt lebenslanger Bindung hat man ein Verhältnis, das sich zeitlich begrenzt weiß. Das verspricht vieles: Freiheit, Beweglichkeit, Neuheit, Dynamik.

Speziell die neue Listenform soll befreit – wenn auch nicht unabhängig – die alte Partei mit den Segnungen der Bewegung versorgen. Tatsächlich aber zeigt sich gerade am Zwitter der Partei-Liste, was Bewegungen heute von dem unterscheidet, was man bislang unter einer politischen Bewegung verstand. Die neuartigen Bewegungen haben diese Politikform gewissermaßen usurpiert. Sie haben sich die alte Bewegungsform angeeignet – allerdings nicht, um Ermächtigung und selbständiges Handeln zu befördern, sondern für den gegenteiligen Zweck. Hier zeigt sich wieder, dass die Veränderungen des dritten Individualismus nicht notwendig fortschrittlich sind, sondern vielmehr ein Feld für gegensätzliche Entwicklungen eröffnen. Diese können auch in ihr Gegenteil kippen.

Die neue Erzählung vom politischen Aufbruch kreist um das magische Wort »Öffnung«. Die erste Öffnung ist die des Apparats für Einzelne. Die »alte« Bewegung war eine der Massen, aus der sich eventuell ein oder mehrere Leader herauskristallisiert haben. Heute geht es zwar darum, Einzelne zu befördern, statt den Apparat zu bedienen. Wie aber kommt dieser Einzelne vor?

Hier muss man zwischen dem Erscheinen des Einzelnen von oben und jenem von unten unterscheiden. Oben geht es nur um ausgewählte, auserwählte Einzelne. Hier bedeutet die Öffnung die Einführung des Starprinzips in eine ehemalige Massenorganisation. Das betrifft nicht nur den Mann an der Spitze – im österreichischen Fall den 31-jährigen Obmann Sebastian Kurz. Auch die Listenplätze sollen mittels Vorzugsstimmen und Beliebtheitswerten zu einer Art Funktionärsranking werden. Unten kommen die Einzelnen zwar auch vor. Waren die Einzelnen bei »alten« Bewegungen aber Teilnehmer am Geschehen, so sind sie heute – Unterstützer. Ein wesentlicher Unterschied, der an der Art der Partizipation deutlich wird.

In der neuen Form geht es in erster Linie um eine Partizipationsform von oben. Dazu werden auch Nicht-Parteimitglieder eingeladen. Als Experten. Dieser eingeladene Experte ist der neue Lebensabschnittspartner der Bewegung. Als solcher wird dieser von einer Illusion getragen – der des neutralen Sachverstands. Als gäbe es ein nicht-parteiisches Wissen, eine rein objektive Kompetenz, für welche man die Übereinstimmung im Bereich der Werte, anders als bei Parteimitgliedern, eben reduzieren könne.

Interessanter noch ist die Veränderung bei der Partizipation »von unten«. Hier kommen die Einzelnen, wie gesagt, nur als Unterstützer vor. Sie sind über die sozialen Medien verbunden, »connected« mit den anderen Unterstützern. Hier erhalten sie

Botschaften von anderen Unterstützern. Hier werden sie über das Fortschreiten der Bewegung auf dem Laufenden gehalten. Ein Taschenspielertrick. Denn das ist nicht Teilnahme, sondern Teilhabe. Teilhabe am Erfolg – der Bewegung, vor allem aber am Erfolg der Stars. Und das ist der vielleicht zentralste Moment dieser neuen Politikform. Hier zeigt sich die Veränderung noch einmal deutlich.

Parteien des ersten Individualismus waren, wie gesagt, Institutionen, die ihre Mitglieder verändert haben, die sie in Parteigenossen verwandelt haben. Die Leute *wurden* also bewegt. In den politischen Bewegungen des zweiten Individualismus hingegen *hat* man sich bewegt. Gemeinsam. Die Teilnahme war eine kollektive Veränderung und insofern eine Selbstermächtigung. Sowohl für den Einzelnen als auch für das Kollektiv. So wurden etwa Teilnehmer an der Umweltschutzbewegung zu »Grünen«. Bei den Bewegungen des dritten Individualismus hingegen bleiben die Leute gleich und wollen auch gleich bleiben, wie wir etwa am paradigmatischen Beispiel der »Occupyer«, aber auch bei den »Macronisten« gesehen haben. In den usurpierten Formen, wie der österreichischen Liste Kurz, bleiben die Leute jedoch gleich, weil es nicht sie sind, die sich in dieser Bewegung bewegen. Es ist gewissermaßen ein Outsourcing des Bewegens. Statt *sich* zu bewegen, wird das Bewegen delegiert. An die Stars, an die Experten, an den Erfolg. Für die Masse hingegen soll es nicht ums Mitmachen, nicht ums Mitbestimmen gehen. Aber auch nicht ums Gehört-Werden oder Vorkommen. Für sie ist nur die Teilhabe am Erfolg vorgesehen. Ihre ganze Bewegung, ihre ganze Veränderung ist jene in eine andere zentrale heutige Figur: Sie sollen zu Fans werden.

Das ist die erste Abwehrform des pluralisierten Individualismus im Bereich des Politischen.

Kapitel 6

Schauplatz Politik – Populismus: Es ist an der Zeit, über politische Emotionen zu sprechen

Die zentrale Abwehr der Pluralisierung im Politischen lässt sich in einem Wort zusammenfassen: Rechtspopulismus. Oft wird beklagt, dass dies ein diffuser Begriff sei. Aber zum einen lässt sich dieser Begriff sehr genau bestimmen. Und zum anderen braucht es einen eigenen Begriff, um dieses spezifische Phänomen der Abwehr der Pluralisierung zu fassen. Will man den Begriff näher bestimmen, dann muss man festhalten: Populismus ist eine politische Strategie, um das Phantasma eines homogenen, eben nicht pluralen, Volkes zu konstruieren. Eine Strategie, die über die Herstellung einer Freund-Feind-Konstellation funktioniert. Wobei dieser Feind ein doppelter ist: Nach oben sind es die »Eliten«, nach unten sind es die Migranten, die Asylanten, die Flüchtlinge. Das sind die notwendigen, aber noch nicht die hinreichenden Bedingungen, denn zum Populismus wird solch eine Strategie erst, wenn sie einen »moralischen Alleinvertretungsanspruch« erhebt, wie Jan-Werner Müller aufgezeigt hat: »Wir – und nur wir – vertreten das wahre Volk.«[47] Es geht jetzt darum, diese schematische Skizze genauer zu betrachten. Die erste Frage, die sich dabei stellt, lautet: In welche Situation interveniert der rechte Populismus heute?

Diese Situation ist ein »populistischer Moment«[48]. Auch wenn es so klingen mag, das ist kein Pleonasmus. Es ist keine Wiederholung sinngleicher Ausdrücke. Der populistische Moment ist nicht ident mit dem Populismus, sondern vielmehr das, was diesem vorausgeht. Es ist die Situation, in der Populismus greifen kann. Der populistische Moment ist ein historischer Moment, in dem eine gesellschaftliche Desintegration stattfindet. Ein populistischer Moment entsteht also dann, wenn das Gleichgewicht von Politik, Ökonomie und Kultur ins Wanken gerät, wenn die ökonomische, die politische, die kulturelle Integration der Menschen nicht mehr greift. Dann werden ganze Teile der Bevölkerung »gesellschaftlich obdachlos«[49].

Das ist historisch gesehen keine einmalige Situation. Populistische Momente gab es schon viele. Und dennoch hat der gegenwärtige eine Besonderheit: Heute trifft der populistische Moment auf eine pluralisierte Gesellschaft. Ein besonderes und ein besonders heikles Zusammentreffen. Die Pluralisierung ist nicht einfach *die* eine Ursache des populistischen Moments. Es gibt viele Ursachen für diesen gesellschaftlichen Wandel – von der Globalisierung über die Neoliberalisierung bis hin zur technologischen Dynamisierung. Aber die Pluralisierung, die vielfältigen Formen von Migration, wird zur einzigen, zur Hauptursache stilisiert – als solche ist sie eine Scheinursache. Gleichzeitig aber hat die Pluralisierung die besondere Funktion, den populistischen Moment zu befördern, zu beschleunigen. Und insofern ist sie auch dessen reale Ursache. Und genau diese Verbindung von Scheinursache und Beschleunigung des populistischen Moments, die Gleichzeitigkeit von Illusion und realer Desintegration ist die ideale Konstellation für jene populistischen Bewegungen, wie sie derzeit um sich greifen.

Dieser Populismus hakt beim zentralen Merkmal des populistischen Moments, beim zentralen Merkmal der gesellschaftlichen Desintegration ein: bei der Auflösung der emotionalen Bindungen an die bisherige Ordnung. Der Populismus erfasst also punktgenau, dass gesellschaftliche Obdachlosigkeit auch emotionale Obdachlosigkeit bedeutet. Und das ist der springende Punkt.

Deshalb wird der Anti-Pluralismus wesentlich über Emotionen transportiert. Ob er uns auf der Straße begegnet, auf Plakaten, im Fernsehen, in den sozialen Medien oder in einzelnen Begegnungen – immer tritt uns der Populismus, der Anti-Pluralismus als geballte Gefühlsladung entgegen. Man steht als Zuschauer oft blank vor dieser emotionalen Enthemmung. Blank und ratlos. Wie umgehen damit?

Die stereotype, die ewige, die wiederkehrende Antwort des überzeugten Demokraten lautet: Aufklärung! Wir brauchen mehr Aufklärung, mehr Informationen, mehr vernünftige Argumente. Hier wird das Aufgeklärte gegen die Verblendung, das Rationale gegen das Irrationale gesetzt.

Was den Blick des überzeugten Demokraten dabei aber trübt, ist seine eigene Vorstellung, die Demokratie sei eine rationale Gesellschaftsordnung, eine Vernunftordnung. Man tauscht vernünftige Argumente aus, wägt ab und findet schließlich kluge Kompromisse. Das ist keine Überzeichnung, sondern der übliche aufgeklärte Gemeinplatz. Und wenn er auch keine Entsprechung in der Wirklichkeit hat, so ist doch etwas Wahres daran: Es ist das Ideal von Politik, das in unseren Köpfen herumspukt – vielleicht ohne dass wir uns dessen wirklich bewusst sind. Deutlich wird dieses Ideal immer dann, wenn Emotionen im Politischen auftauchen, und wenn diese Emotionen dann als Pathologien behandelt werden. Zu Abweichungen werden Emotionen aber erst, wenn man sie vom Rationalitätsideal her betrachtet. Erst dann erscheinen Gefühle als pathologische Störungen, als das Irrationale, das den politischen Prozess stört. Dann sind sie Hindernisse, Bedrohungen der gesellschaftlichen und politischen Ordnung. Und dann wird sofort nach Aufklärung gerufen – als rationales Allheilmittel gegen irrationale Störungen. Das Problem aber ist: Das ist zugleich theoretisch falsch und strategisch dumm. Und man weiß nicht, was schlimmer ist. Es ist an der Zeit, über politische Emotionen zu sprechen.

Zunächst einmal: Natürlich haben alle politischen Subjekte Gefühle – und diese nicht nur als Verirrung. Und natürlich haben Emotionen eine politische Relevanz. Emotionen sind nicht nur pathologische Störungen. Sie sind auch der zentrale Rohstoff des Politischen.

Zum Rohstoff gehört aber das volle Emotionspaket dazu. Da lassen sich nicht die »guten« Emotionen herauspicken. Es geht sogar noch weiter: Im Politischen gibt es – anders als im Privaten – keine Gefühle, die per se gut oder per se schlecht wären. Emotionen haben keine fixe politische Bedeutung. Es gibt keine progressiven und keine reaktionären Gefühle. Es gibt ebenso wenig genuin demokratische wie genuin totalitäre Gefühle. Auch wenn man immer wieder versucht, solche auszumachen, und einzelne Gefühle herauspickt und als demokratisch etikettiert. Vertrauen etwa. Oder Mitgefühl. Es ist aber nicht so, dass etwa Liebe und Mitgefühl demokratischere Gefühle wären als Wut oder Zorn. So kann etwa Wut gegen Ungerechtigkeit etwas Gutes sein, während rohe Wut gegen Ausländer eine negative Leidenschaft ist. Weder ist ausgemacht, dass manche Gefühle *nur* positiv sind, also aktivierend, einbindend, engagierend wirken, noch sind manche eindeutig und immer negativ, also aufhetzend oder das Gegenteil davon, nämlich passivierend. Emotionen haben von sich aus keine politische Substanz. Emotionen sind also im Politischen nicht von vornherein konnotiert. Sie können in jede Richtung wirken. Insofern sind Gefühle sowohl Ressource als auch Gefahr – in jedem Fall aber sind sie eine Grundtatsache des politischen Lebens. Gerade auch in der Demokratie.

Demokratie hat also massiv mit Gefühlen zu tun – und zwar nicht nur dort, wo die Demokratie *nicht* funktioniert, sondern auch dort, wo sie sehr wohl funktioniert. Deshalb haben sich in der Demokratie ja auch von Anfang an politische Großprojekte zur Kanalisierung der Gefühle entwickelt. Das war etwa, wie wir gesehen haben, Aufgabe der Volks- und Massenparteien.

Peter Sloterdijk hat dafür einen wunderbaren Begriff geprägt: die »Zornbank«[50]. Damit hat er nicht nur eine politische Emotion – den Zorn – als zentrale Ressource, als Kraft zur Gesellschaftsveränderung erkannt. Er hat zugleich den Versuch beschrieben, diese Ressource produktiv zu machen. Zornbank – das ist eine sprechende Bezeichnung. Für Sloterdijk sind das die linken Massenparteien gewesen. Diese sind Zornbanken, weil die Menschen ihre Emotionen, ihren Zorn dort deponiert haben, weil diese »Banken« versprochen haben, ihre Einlagen nicht nur zu verwalten, sondern damit auch zu handeln und sie zu vermehren. Diese Zornbanken hätten aber, so Sloterdijk, die ihnen anvertrauten Depots verraten und verspielt.

Tatsächlich aber muss man das Konzept der Zornbanken ausweiten. In jeder Hinsicht. Es sind nicht nur linke Parteien Emotionsdeponien. Vielmehr ist jede Partei eine Gefühlsbank. Und genauso wenig sind es nur Wut und Zorn, die dort deponiert werden – es sind auch Angst, Hoffnung, Kränkung und vieles mehr. Auch sind diese Emotionen nicht einfach da, vorhanden wie Bodenschätze, die man nur zutage fördern muss: Sie werden auch produziert, reproduziert, erneuert oder gedämpft. Es gibt also nicht nur eine Deponie und eine Zirkulation der Gefühle. Es gibt auch eine Emotionsproduktion. Eine ganze Gefühlsökonomie. Und diese Gefühlsökonomie ist in die Krise geraten. Es scheint, dass alle diese Banken ihre Depots verspielt haben. Vor allem aber die ehemaligen Volksparteien. Volksparteien sind zu den Bad Banks der Emotionen geworden.

Den Auswirkungen sind wir schon begegnet: Die Leute fühlen sich nicht gehört. Die Leute fühlen sich nicht gemeint. Die Zornbanken versagen, weil deren Repräsentation nicht mehr greift. Sie versagen, weil sie das, was den heutigen politischen Bedürfnissen entspricht, nicht mehr bieten können: Sie bieten keine Vollpartizipation. Die Zornbanken versagen, weil ihr Funktionsmodus noch für die alten Massensubjekte konzipiert ist. Stattdessen haben wir heute den Wutbürger – eine Figur, an der sich zeigt, wie sehr diese kollektive Gefühlslage, die Wut, politisch relevant ist. Und eine Figur, an der sich zeigt, dass keine politische Institution mehr dafür zuständig ist. Der Wutbürger ist die Reprivatisierung der politischen Emotion. In jenem Moment, wo keine glaubhafte Zornbank mehr in Sicht ist.

Das Versagen der Zornbanken hat natürlich eminente Auswirkungen: Die Emotionen sind aus ihren Bindungen gelöst. Waren die politischen Emotionen in den Großverbänden und Großprojekten kanalisiert, so sind die Emotionen heute aus ihren Zugehörigkeiten gelöst. Die politischen Identitäten sind in Bewegung geraten. Parteien sind bestenfalls Lebensabschnittsgruppen, an die wir unsere Emotionen nur befristet binden. Das bedeutet: Politisch wirksame Emotionen sind heute frei flottierende Emotionen. Ohne fixe Zugehörigkeiten, Überzeugungen ohne feste Verbindlichkeiten. Politische Leidenschaften ohne Parteibindung. Aus starken politischen Bindungen wurden schwache, aus regulierten politischen Identitäten wurden flexible. Kurzum: Wir leben heute nicht nur identitär, sondern auch emotional im Prekariat. Im emotionalen Prekariat.

Und das ist genau der Punkt, wo populistischer Moment und Pluralisierung zusammentreffen: der populistische Moment mit seiner Erosion von Großverbänden und deren Identitätsangeboten und die pluralisierte Gesellschaft mit ihrer Erosion der Nation, für die sie keine verbindliche Figur mehr hat, mit ihrer Demokratie ohne Gestalt. Der populistische Moment trifft heute auf eine nackte Demokratie. Er trifft auf eine Gesellschaft, die – wie wir gesehen haben – kein gemeinsames Narrativ mehr hat, kein Weltbild, »das von allen geteilt wird«. Und er trifft auf pluralisierte Subjekte, die sich nicht in der bisherigen Art reintegrieren lassen.

Bei dieser Begegnung von populistischem Moment und Pluralisierung werden die ehemals eingebundenen Emotionen aber nicht nur freigesetzt, sie werden nicht nur zu Emotionen ohne Bindungen. Sie werden vielmehr zu einem »vagabundierenden Potenzial«, wie Helmut Dubiel das genannt hat. Als vagabundierendes Potenzial aber können solche Emotionen schnell kippen: von einer Produktiv- in eine Destruktivkraft.

Und solch ein freigesetztes, solch ein vagabundierendes Emotionspotenzial – das ist es, was uns immer häufiger begegnet. Und das ist es, was uns schreckt. Berechtigterweise. Denn wir alle wissen, wie gefährlich solche Freisetzungen sein können. Und genau deshalb können wir uns jetzt nicht den Erkenntnisirrtum leisten, dass Emotionen nur dann politisch relevant sind, wenn gesellschaftliche Ordnungen aus dem Ruder laufen. Denn genau dieser Erkenntnisirrtum führt zu dem strategischen Irrtum, einem populistischen Moment mit rationaler Aufklärung beikommen zu wollen. Statt jetzt nach Aufklärung und Information zu rufen, sollten wir vielmehr unsere eigene emotionale Barriere überwinden. Denn sie macht uns blind für das, was der populistische Moment für »Erkenntnisse« bereithält – »Erkenntnisse« unter Anführungszeichen, da sie uns nur in verzerrter Form erreichen. Sie macht uns blind für das, was man die »populistische Lektion« nennen könnte. Eine Lektion unter Anführungszeichen.

Der Soziologe Albert O. Hirschman unterscheidet zwei Arten von Konflikten: teilbare und unteilbare.[51] Bei teilbaren Konflikten geht es um Interessen – etwa um Wirtschaftsinteressen oder um Verteilungsfragen. Da kann es Zugeständnisse, Tauschhandel und Kompromisse geben. Da kann man sich auch am ökonomischen Gewinn orientieren. Denn der Einsatz bei einem solchen Konflikt ist eine messbare Einheit wie etwa Geld. Dabei wird um ein Mehr oder Weniger gerungen. Insofern sind solche Konflikte eben *teilbar* – also verhandelbar, debattierbar und insofern lösbar.

Unteilbare Konflikte hingegen sind jene, die das alles nicht sind. Das sind Konflikte um Identitäten, um Kulturen, um Werte, Konflikte um religiöse oder weltanschauliche Überzeugungen wie etwa der Streit um den Multikulturalismus oder der Konflikt um Sterbehilfe – Dinge also, die nicht messbar und insofern auch nicht teilbar sind. Die Münze dafür heißt Anerkennung, eine subjektive Münze, die sich an gefühlten Wahrheiten orientiert. Und diese sind weder verhandelbar noch kompromissfähig. »Ein bisschen Anerkennung gibt es nicht. Da geht es um alles oder nichts.« Deshalb haben solche Konflikte ein Moment von »Unversöhnlichkeit«[52], wie Helmut Dubiel das genannt hat.

In der gängigen Vorstellung besteht nun demokratische Politik in der Transformation von unteilbaren, unlösbaren Konflikte in teil-, also verhandelbare Konflikte. In der Übersetzung also von Identitätsanliegen in Interessen, von Werten in Materielles.

Dieses Demokratiekonzept, wonach es Ziel der Politik sei,

alle Konflikte in Teilbares zu übersetzen, ist aber ein kompliziertes Missverständnis, denn es ist zugleich richtig und falsch. Natürlich kann die Übertragung unlösbarer identitärer oder wertorientierter Konflikte in teilbare – also solche, die etwa monetär zu regeln sind – oft ein Ausweg aus unrettbaren Antagonismen, aus unlösbaren Widersprüchen sein. Die Transformation von gesellschaftlichen Konflikten in handhabbare, messbare Einheiten kann eine politische Lösung sein. Die mögliche Teilbarkeit von Konflikten ist etwas, das die Unversöhnlichkeit von Antagonismen zu transzendieren vermag. Insofern ist die Eröffnung eines Bereichs des Teilbaren tatsächlich genuin demokratisch. Dennoch aber ist der teilbare Kompromiss keine demokratische Erlösungsformel.

Man gibt sich damit nämlich der Illusion hin, Politik könne tatsächlich rein rational funktionieren. Denn die Unterscheidung zwischen teilbaren und unteilbaren Konflikten reproduziert die alte Entgegensetzung von Ratio und Emotion. So wäre das Unteilbare immer leidenschaftsgetrieben, während die Teilbarkeit eine vernunftgelenkte wäre. Insofern reproduziert sich dabei die rationalistische Illusion einer emotionsbereinigten Politik – das Missverständnis also, das Ziel demokratischer Politik wäre ein *rationaler* Konsens. Tatsächlich aber geht es auch und gerade in der Demokratie darum, nicht nur einen rationalen, sondern auch einen *emotionalen* Konsens herzustellen. Es war Helmut Dubiel, der gezeigt hat, dass Hirschman von einer irreführenden Prämisse ausgeht.

Laut Dubiel gibt es nämlich keine fein säuberliche Trennung. Konflikte sind weder rein teilbar noch rein unteilbar. Soziale Konflikte sind nie bloß strategische Interessenkonflikte. Gegen dieses Vorurteil führt er an, dass jedem teilbaren Konflikt auch unteilbare Streitmotive unterliegen. So ist jede Tarifverhandlung – Inbegriff des Teilbaren gewissermaßen –

nicht nur eine rationale Interessendurchsetzung, sondern immer auch Verhandlung von so unteilbaren Dingen wie gesellschaftlicher Achtung, Anerkennung, Vorstellungen von Gerechtigkeit und Würde der Parteien. Jede politische Auseinandersetzung, jede Steuerdebatte, jeder teilbare Konflikt wird von einem fundamentalen Dissens, von einer grundlegenden Uneinigkeit überlagert.

Ebenso hat auch jeder unteilbare Konflikt, etwa um Fragen der Identität oder der Religion, Momente des Teilbaren, des Verhandelbaren. Auch reine Identitätskonflikte seien, so Dubiel, »nie ohne materiellen Interessenshorizont«[53]. Ideen ohne Interessen sind blind, Interessen ohne Ideen leer, könnte man Kant paraphrasieren. Gesellschaftliche Konflikte sind also nie einfach, sondern immer überdeterminiert, weshalb sie nicht fein säuberlich nach Teilbarem und Unteilbarem, nach Vernunft und Emotion, nach Rationalem und Irrationalem getrennt werden können. Und genau diesem Umstand muss demokratische Politik Rechnung tragen. Die Folge davon ist aber, dass sich die Übersetzung von unteilbaren in teilbare Konflikte nie vollständig realisieren lässt. Politische Befriedung kann die Einsätze senken, »auf Null senken lässt sich der Einsatz allerdings nicht«[54]. Es bleibt immer ein Rest an Unteilbarem, ein unteilbarer Rest, der nach einer endlosen Wiederaufnahme der politischen Auseinandersetzung verlangt. Demokratische Politik ist also nicht nur Übersetzung ins Teilbare, sie ist nicht nur Lösung teilbarer Probleme, sondern sie ist auch und besonders: Umgang mit Überzeugungen, Werten, Identitäten und Kulturen, an denen die Emotionen hängen, Umgang mit diesem unauflösbaren Rest. Sie handelt mit dem unentwirrbaren Gemisch aus Überzeugungen und Interessen. Sie handelt mit rationalen Übereinkünften, die gleichzeitig auch irrationale, emotionale sein müssen, und umgekehrt muss sie auch emotionale Übereinkünfte zwischen den jeweiligen Parteien zustande bringen, ebenso wie die psychologische, gefühlsmäßige Akzeptanz der Politik als Instanz.

Die Sozialdemokratie wusste das früher. Sie wusste, dass jedem teilbaren Konflikt etwas Unteilbares unterliegt. Und sie wusste, dass jede teilbare Lösung auch eine unteilbare Lösung, also jede ökonomische Errungenschaft auch eine identitäre Errungenschaft ist.

So war etwa der Wohlfahrtsstaat in seiner Nachkriegsversion – als Bollwerk gegen einen Rückfall in den Faschismus – nicht nur ein ökonomischer Schutz vor den Unwägbarkeiten des Marktes sowie vor Risiken, Zufällen und Schicksalsschlägen. Dieser Wohlfahrtsstaat war nicht nur der Versuch einer politischen Steuerung der Ökonomie, eine Abwehr der »unsichtbaren Hand« des Marktes durch Stabilisierung oder durch den Ausbau öffentlicher Güter. Er war vielmehr eine Gestalt der sozialen Demokratie – einer Demokratie also, wo zu den politischen und juristischen die sozialen Rechte hinzukamen.

Aus diesem Grund hatte der Wohlfahrtsstaat nicht nur eine ökonomische Funktion – er hat auch zur sozialen Integration beigetragen: Er hat »Massenloyalität erzeugt«[55]. Er hat ökonomische und symbolische Inklusion gleichzeitig erzeugt.

Wodurch genau entstand diese? Genauer gefragt: *Worin* bestand diese symbolische Integration? Man darf sich das nicht so vorstellen, dass einfach bestehende Subjekte durch Sozialleistungen eingebunden wurden. Man muss vielmehr davon ausgehen, dass diese Subjektivität, diese damals neue Subjektivität des Bürgers, der soziale Rechte hat, erst hergestellt wurde – eben durch den Anspruch, der ihm zugebilligt wurde. Der Sozialstaat hat den Leuten nicht nur Geld, er hat ihnen auch eine eigene Identität geboten: nämlich jene des Bürgers, der soziale Rechte hat. Was für eine Ermächtigung war das! Selbst die Schwächsten hatten *Ansprüche* auf soziale Sicherstellungen. Diese waren ihr Recht. Die ökonomische war auch eine symbolische Inklusion. Es war ein großes Identitätsangebot. Es machte die Leute zu solchen, die Rechte haben, denen Rechte zugesprochen wurden und damit auch Würde. »Würde, dieses zerbrechliche und sich selbst nicht sichere Gefühl«, das nach »Gesten der Bestätigung« verlangt.[56] Sozialleistungen waren solche materiellen, teilbaren Bestätigungen, die Unteilbares befördert haben.

Genau das war der alte Erziehungsroman der Sozialdemokratie: Unteilbares wie Würde oder Stolz *durch* Teilbares wie Mindestlohn oder Krankenschutz zu gewährleisten. Symbolische Integration, Zugehörigkeit *durch* reale Einbindung zu garantieren. Aber dieses Wissen scheint der Sozialdemokratie abhandengekommen zu sein.

Vor die Wahl gestellt zwischen solch einer »citoyenneté sociale«[57] der sozialen Anrechte und einem wirtschaftlichen Wachstum, hat sich die europäische Sozialdemokratie »von der ersten Möglichkeit auf die zweite verlegt«[58]. Sie hat für die wirtschaftliche Prosperität optiert. Sozialdemokraten haben sich also ganz im Teilbaren angesiedelt. Die Sozialdemokratie hat nicht einfach die soziale Frage vergessen, wie ihr vielfach vorgeworfen wird. Es verhält sich vielmehr genau umgekehrt: Sie hat die Frage des Unteilbaren vergessen. Die Folge davon ist eine Politik des Pragmatismus oder des Expertentums – in jedem Fall aber eine Politik, die die Dimension des Unteilbaren verloren hat.

Eine Folge dieser Entscheidung von New Labour war die Verwandlung des Wohlfahrtsstaates von einer Instanz zum Schutz vor dem Markt zu einer Instanz, die vornehmlich darauf abzielt, die »Marktgängigkeit der Individuen zu befördern«[59]. Selbst der Wohlfahrtsstaat befördert heute nicht

mehr die Rechtssubjekte, die Rechte habenden Bürger, sondern nur die Inklusion als Homo oeconomicus, als verpflich-
tete Subjekte, als Subjekte, die Verpflichtungen erfüllen müssen. Soziale Rechte sind zunehmend an Leistungen gebunden,
nicht aber an einen Subjekt-Status. Diese Art der Inklusion
durch Leistung befördert also gleichzeitig den Rückbau der Inklusion durch Rechte. Gleichzeitig schrumpft der alte Wohlfahrtsstaat zu einem neuen Fürsorgestaat, »der sich faktisch
darauf beschränkt, die krassesten Fälle sozialer Ausgrenzung in
den Griff zu bekommen«[60].

Ökonomische und symbolische Inklusion sind wieder aus-
einandergetreten. Genau das bedeutet die Erosion des Wohlfahrtsstaates als Institution ebenso wie als Gesellschaftsmodell.
Wenn diese, wenn Ökonomie und Symbolisches wieder zu
»getrennten Elementen« werden, die »mit getrennten Politik-
strategien« verfolgt werden[61], dann entsteht genau das, was wir
heute haben: ein »populistischer Moment«. Und genau da hakt
der rechte Populismus ein. Dieser stellt den populistischen Moment nicht her, aber es ist jene Situation, die dem Populismus
förderlich ist.

Wenn man sich nun ansieht, in welcher Weise sie agieren,
dann zeigt sich deutlich: Populisten mobilisieren nicht gegen
das ökonomische Kapital, sondern gegen den kulturellen Wandel. Sie haben nicht Erfolg, weil sie die soziale Frage ins Zentrum stellen. Sie werden nicht wegen ihrer Positionen in Um-
verteilungsfragen gewählt, sondern weil sie Identitätspolitik
machen. Weil sie die Identitätsfrage ins Zentrum ihrer Politik
rücken.

Und genau darin liegt die erste populistische Lektion. Der
Populismus zielt genau auf das Unteilbare – auf das vergessene
Unteilbare, auf jenes Unteilbare, das heute im Zentrum des
Politischen steht: auf die Identität.

Warum greift das? Es greift eben, weil wir in einem populistischen Moment leben. In einem Moment also, in dem die Identitäten nicht mehr durch die alten Sicherungssysteme garantiert sind. In einem Moment, wo Subjekte sich in ihrer Identität bedroht fühlen, wo ihre Identität, ihr Selbstverständnis in Frage gestellt wird. Für den unteren Mittelstand mit Abstiegsängsten ist diese Identität doppelt bedroht: von einer Linken, von einer Sozialdemokratie, die – im Teilbaren angesiedelt – kein Identitätsangebot mehr macht. Und bedroht durch jene Veränderung der Gesellschaft, welche die Pluralisierung hervorruft.

Ob diese Bedrohung nun eine reale oder eine imaginäre ist, tut dabei nichts zur Sache. Klar ist, dass wir alle zu pluralisierten Subjekten geworden sind, und dass das Weniger-Ich von manchen als gesellschaftlicher Bedeutungsverlust und als Überforderung erlebt wird.

Mit ein bisschen mehr Sozialhilfe kommt man dem nicht bei. Es geht nicht einfach um materielle Fragen. Auch diese, auch ökonomische Probleme artikulieren sich heute kulturell: Sie werden als kulturelle Probleme erlebt. Selbst die Frage, ob der Populismus die gesellschaftlichen Konflikte auf das Feld der Identität verschiebt, oder ob die Konflikte dort tatsächlich stattfinden – selbst diese Frage ist obsolet. Denn die Antwort ändert nichts. Sicherlich befördert der Populismus den obsessiven Fokus auf die Identität. Aber wenn Identität nicht als problematisch erlebt würde, würde das populistische Vorgehen nichts fruchten.

Der Erfolg der populistischen Bewegungen zeigt also an, dass grundlegende gesellschaftliche Probleme im Bereich des Unteilbaren angesiedelt sind. Und daraus folgt, dass diese nicht durch teilbare Lösungen zu bewältigen sind. Transferleistungen lösen Identitätskonflikte nicht. Man muss einsehen: Populismus rührt an einen neuralgischen Punkt der pluralisierten Gesellschaften. Deshalb lässt sich der politische Fokus auch nicht einfach verlagern: Man kann nicht dekretieren, ab nun die soziale Frage ins Zentrum zu rücken, wenn die Emotionen anderswo investiert sind. Vor allem dann, wenn die soziale Fragen nur als Frage der Teilbarkeit verstanden wird und deren unteilbare, identitäre Dimension gestrichen wird.

Dass man es aber mit Unteilbarem zu tun hat, lässt sich nicht zuletzt an der Emotionalität und an der Emotionalisierung der Konflikte ablesen. Denn starke Emotionen werden immer von Identitäts-, von Wertfragen ausgelöst. Insofern ist umgekehrt ein hoher Grad an Emotionalität auch ein Indikator dafür, dass man es mit dem Unteilbarem, mit Identitätsanliegen zu tun hat. Denn nur diese sind hochgradig emotional aufgeladen.

Der Populismus bezieht sich dabei aber vor allem auf die negativen Gefühle, die beim Brüchigwerden der Einbindungen freigesetzt werden. Er bezieht sich auf Kränkungserfahrungen. Diese sind wesentlich an die Veränderungen gebunden, die mit der Pluralisierung der Gesellschaft einhergehen. Es ist die Kränkung, der wir schon begegnet sind: »Man war Teil der Gruppe, die fürs Ganze stand«[62], man war Teil jener, die vorgaben, was Normalität ist. Und nun, zurückgeworfen auf seine Einzelheit, auf sein prekarisiertes Weniger-Ich, fühlt man sich nicht gehört, vergessen, unverstanden, ausgeschlossen, entmächtigt. Die Reaktion darauf ist das grundlegende Begehren nach Anerkennung, dem wir schon in Kapitel 5 begegnet sind. Es geht hier nicht darum, ob der Populismus dieses Begehren tatsächlich erfüllt. Es geht auch nicht darum, ob die Kränkung berechtigt ist. Es geht darum, dass der rechte Populismus genau hier einhakt – und sich zum Advokaten der Beleidigten macht. Ein Advokat, der gegen oben einen aggressiven Eliten-

Hass und gegen unten eine aggressive Xenophobie in Stellung bringt. Es ist dieses Beleidigt-Sein, Gekränkt-Sein nicht irgendeine Kränkung, sondern punktgenau die Kränkung der pluralisierten Gesellschaft.

Die alte Klassengesellschaft des ersten Individualismus mit ihren stabilen, klar abgegrenzten Blöcken, die Einbindung in Großgruppen wie Parteien, hatte den Individuen einen Enttäuschungsschutz geboten, ein Enttäuschungsnetz, das unerfüllte Erwartungen auffangen und Kränkungen entlasten konnte. Es hat den Individuen – wie gesagt – eine gesamte Darstellungspalette geboten: Organisationen, eine adäquate politische Vertretung, eine Sprache, Lieder. Eine ganze Semantik zur Einbindung – auch der Kränkungen. Im Zeitalter des dritten Individualismus hingegen mit seinem Streben »nach einer zur Gänze persönlichen Existenz«[63] funktioniert diese Integration nicht mehr. Hier gibt es keine adäquate Repräsentation der radikal Einzelnen und kein Netz für pluralisierte Subjekte mehr.

Die emotionale Freisetzung im populistischen Moment bedeutet deshalb auch eine Freisetzung der Kränkungserfahrungen. Man muss diese Emotionslage sehr genau als eine *emotionale* Bedürftigkeit verstehen. Der Populismus nimmt diese als das auf, was sie ist: ein Schrei nach Aufmerksamkeit. Aber erfüllt der Populismus diesen Ruf? Er hat dazu drei Dinge im Angebot: einen neuen Politikertypus, den Emotionsraum und »das« Volk.

Was den Politikertypus angeht, muss man sagen: Es gibt verschiedene politische Bedürfnisse. Und Politiker unterscheiden sich nicht nur nach ihrer Programmatik und ihrer Persönlichkeit. Politiker unterscheiden sich auch danach, welches Bedürfnis sie bei ihren Anhängern befriedigen, auf welches Bedürfnis sie antworten.

Lange Zeit war das Bedürfnis nach Schutz vorherrschend. Die Politiker, die das befriedigen konnten, mussten möglichst anders sein als man selbst: fähiger, kompetenter, charismatischer. Churchill, Brandt, Kreisky wählte man, weil sie anders, weil sie Autoritäten waren. Man wählte sie als schützende Überväter. Das waren Politiker des ersten Individualismus. Man übertrug ihnen die Konsolidierung der Gesellschaft.

Später dann gab es die Nachfrage nach einem ganz anderen Typus – nach jenem Typus, der war wie man selbst: »einer von uns«. Diesen gibt es in der hemdsärmeligen Variante des »Volkspolitikers« oder in der antiautoritären Rebellenversion à la Daniel Cohn-Bendit. In diesem spiegelte man sich unmittelbar – oder glaubte es zumindest. In beiden Varianten erfüllte er das Bedürfnis nach direkter Vertretung: Der könnte man auch sein. Das war der Politiker des zweiten Individualismus.

Und nun gibt es einen dritten Typus: die Trumps dieser Welt. Ist das die Auferstehung des »autoritären Charakters«, wie Amanda Taub schrieb?[64] Wilhelm Reich beschrieb den autoritären Charakter als einen, der sich vor der Freiheit und allem, was fremd ist, fürchtet. Deshalb flüchtet er in das Vertraute, in die Konformität. Und diese Konformität soll ihm nun ausgerechnet solch ein Typus garantieren, der selbst alles andere als konform agiert – wie etwa Trump? Nein, dieser Typus befriedigt etwas ganz anderes.

Denn wenn diesen Typus eines auszeichnet, dann das: Sie sind alle Exzentriker – von Trump bis Haider. Also Leute, die schamlos, öffentlich und sichtbar genießen. Ein Genuss, der sich aus dem Brechen von Tabus, dem Überschreiten von Grenzen speist.

Was aber ist die Sehnsucht, die diese »Ausnahmefigur« stillt? Wobei Ausnahmefigur hier kein positives Werturteil ist, sondern das meint, was Émile Durkheim beschrieben hat:

»Wenn die Gesellschaft sich für einen Menschen begeistert, in dem sie die wesentlichen Sehnsüchte zu entdecken glaubt, die sie selbst bewegen, und die Mittel, um sie zu befriedigen, dann sondert sie ihn aus.«[65] Die Gesellschaft oder Teile der Gesellschaft glauben also, in diesen Figuren ihre Sehnsüchte zu entdecken. Welche Sehnsüchte aber sind das? Es sind die unerfüllten, unerfüllbaren Sehnsüchte nach dem vollen Leben – eine gänzlich imaginäre Vorstellung. Im Zeitalter des dritten Individualismus sind wir ständig, so Charles Taylor, auf der Suche nach einem Gefühl, nach einem »Erlebnis der Fülle«[66]. Die dem entsprechende Ausnahmefigur ist jene, der wir zusprechen, dieses Moment der Fülle leben zu können. Für uns leben zu können. Der Prototyp dafür ist der Popstar. Auch der Popstar unter den Politikern. Das sind jene, die sich diesen Status aneignen können.

Der Popstar aber ist unser Stellvertreter. Er ist derjenige, der *stellvertretend* für uns lebt, der *stellvertretend* für uns das Leben lebt, das wir nicht leben können. Er ist derjenige, der *stellvertretend* für uns genießt. Zumindest ist er derjenige, dem wir das alles zusprechen.

In der Politik braucht es dazu keine profanen Leistungsträger, auch keine politische Erfahrung oder ein Programm. Dafür braucht es nur einen obszönen Narzissmus. Einen, der öffentlich vollzogen wird. Trump genießt stellvertretend für sein Publikum, das, was dieses nicht darf, was es sich nicht leisten kann. Er lebt »für sie« eine hemmungslose, narzisstische Allmachtphantasie aus.

Dieser Typus zieht über die Eliten her, die den Kontakt zu »den« Leuten verloren haben. Er hingegen (es sind fast nur Männer) hat eine solche Verbindung – nicht eine zur Lebenswelt seiner Wähler (diese teilt er nicht), aber eine zu deren verdrängten Wünschen: Er agiert diese aus. Die Faszination der

Trumps dieser Welt ist nicht einfach die Faszination der Autorität – es ist vielmehr ein parasitäres Genießen: Man genießt sein Genießen, wenn er öffentlich rülpst.

So ist der Ausnahmetypus unter den Politikern heute nicht mehr der Beschützer oder der Versorger, sondern eben der Stellvertreter. Jörg Haider etwa war für seine Anhänger so eine Figur bis hin zu seinem Ende.

Der Popstar ist eine Figur der reinen Gegenwart, eine Figur des Hier und Jetzt. »Familientypologisch« entspricht der Popstar dem Ideal-Ich. Im Unterschied zum schützenden Vater, der zum Über-Ich des ersten Individualismus gehört, ist das Ideal-Ich jenes Ich, das man selber gerne wäre. Es werden also jene ausgesondert, die ein Ideal-Ich (das Ideal narzisstischer Allmacht) verkörpern. Das heißt aber, in diesen »Ausnahmefiguren« konsolidiert sich die Gesellschaft nicht mehr – wie im schützenden Über-Vater. In diesen »Ausnahmefiguren« sieht man sich heute nur noch selber an – so wie man sich gerne sehen würde. Das Muster dafür ist der infantile Narzissmus.

Das zweite Angebot, das der Populismus dem Schrei nach Aufmerksamkeit der Gekränkten macht: Er bietet dem Unteilbaren – wie etwa den Kränkungen – eine Bühne. Wobei das irreführend formuliert ist. Die Bühne, auf der die Identitätskonflikte und deren fundamentaler Dissens in Erscheinung treten, diese Bühne ist nicht einfach da. Es ist vielmehr so, dass die Populisten sie erst eröffnen: Sie eröffnen dem Unteilbaren der Identität mit seinen Emotionen, Erwartungen, Kränkungen eine Arena, in der sie auftreten können. Diese Arena könnte man als *Emotionsraum* bezeichnen. Vieles kann zu so einem Emotionsraum werden – Diskurse, Begriffe wie »Heimat« –, alles kann zur Bühne für politische Emotionen, alles kann zum Emotionsraum werden. Natürlich auch die Straße. Das vagabundierende Potenzial kann überall auftreten.

Deshalb funktionieren populistische Kopien übrigens nicht. Wenn etwa konservative Parteien Rechtspopulismus nachahmen wollen (zum Beispiel mit der Forderung, Migranten sollen auch zu Hause oder Schüler in den Pausen deutsch sprechen), dann übernehmen sie zwar deren Inhalte, aber sie eröffnen den Emotionen keine Arena. Denn die Kopie einzelner populistischer Forderungen bietet keinen gesamten Diskurs an, der das Ausleben etwa fremdenfeindlicher Emotionen stützt und befördert. In diesem Sinne bieten sie keine Emotionsräume an. Und deshalb scheitern solche Nachahmungen.

Wobei die populistische Rechte diese Emotionsräume den Kränkungen, den Ängsten und den Ressentiments vorbehält. Diese negativen Leidenschaften sind in der Gesellschaft vorhanden. Aber es ist der rechte Populismus, der an diese, vor allem an den bestehenden Alltagsrassismus andockt und ihn als Politikum erst herstellt. Denn er, der Populismus, ist es, der »Ressentiments und Affekte mit einem stabilen diskursiven Rahmen und gesellschaftlicher Legitimität« versieht.[67] Und genau das ist der Punkt, wo die populistische Lektion wieder zu Ende ist.

Der Populismus hat gezeigt: Politik kann sich nicht darauf beschränken, die Übersetzung von Konflikten in Teilbares, in Geldwerte zu sein. Politik braucht auch einen Umgang mit Identität. Selbst bei ökonomischen Problemen geht es nicht nur um die Ökonomie, sondern auch um deren Aufladung mit Identitätsanliegen – vor allem mit verletzten Identitäten. Der Populismus hat das in Erinnerung gerufen. Aber der Populismus siedelt sich ganz im Unteilbaren an. Er streicht die Praxis des Teilbaren, die für demokratische Politik unentbehrlich ist, gewissermaßen durch. Er unterläuft sie immer wieder mit seinen Identitätsanliegen. Nicht zuletzt durch seine Diktion, durch seine Sprache, die rein im Absoluten angesiedelt ist – ihm geht es immer ums Ganze. Jedes Problem, auch jedes lösbare Problem, wird in eine existenzielle Bedrohung verwandelt. Und er unterläuft das Teilbare, indem seine negative Identität eine Kultur des Misstrauens befördert. Misstrauen nicht nur gegen die »Eliten«, sondern gegen das gesamte demokratische System. Kurzum: Populismus ist organisiertes Misstrauen mittels totalisierender Sprachbilder. In diesem Sinne richtet sich der rechte Populismus ganz im Unteilbaren ein. Was aber folgt daraus?

Der Populismus nimmt die Identität nicht einfach ernst, wie man heute so gerne sagt. Der Populismus macht die Identität vielmehr zur zentralen Demarkationslinie der Gesellschaft – zu einer Identitätsfront. Er macht die Identität zu jenem Feld, zu jenem Terrain, auf dem das Gesellschaftliche, ja auf dem die Demokratie verhandelt wird. Genauer gesagt – eben nicht verhandelt. Denn wenn man nur aufs Unteilbare zielt, dann zielt man aufs Unversöhnliche. Das heißt auf das, wo kein Verhandeln, kein Konsens möglich ist. Identität wird hier zur identitären Aggression.

Der Populismus hat gezeigt: Es bedarf einer symbolischen Integration der freigesetzten Emotionen. Der Populismus bietet dafür aber nur eine negative Reintegration an: Nur Ängste und Ressentiments werden aufgegriffen und verstärkt. Seine Affektwirtschaft ist gänzlich auf »den« Feind ausgerichtet. Deshalb kann der Populismus, der den pluralisierten Subjekten eine Rückkehr zur vollen Identität verspricht, ihnen nur eine geschlossene, eine abgeschottete Identität anbieten. Eine Identität, die nur mittels einer Feinderklärung funktioniert. Er hat sich also gänzlich in der Freund-Feind-Konstellation angesiedelt, in jener Konstellation also, die den demokratischen Horizont überschreitet. Und genau da schreibt sich auch sein zentraler Begriff ein – sein Begriff des Volkes.

Die populistische Strategie besteht ja darin, jene Kategorie, die in der Demokratie unbedingt leer bleiben muss, jene Kategorie, die sich nicht konkretisieren darf, nämlich das Volk, so zu behandeln, als würde es real existieren, als könnte es wirklich verkörpert werden. Auch wenn es paradox klingt: In der Demokratie gibt es »das Volk« eigentlich nicht. Es ist eine legitimierende Kategorie, die allem zugrunde liegt, und eben deshalb eine Leerstelle, die in keiner Form endgültig präsent ist. In der Demokratie ist das Volk eine abstrakte Kategorie. Das spricht nicht gegen diese. Denn die Abstraktion ist eine notwendige Fiktion: Sie ist es, die die formelle Gleichheit garantiert. Nur weil wir davon absehen, was wir als Einzelne sind, dürfen wir – wie wir bereits gesehen haben – etwa alle wählen. Nur durch solche Abstraktion können wir alle in gleicher Weise Teil des – abstrakten – Volkes sein.

Der rechte Populismus aber versucht genau das zu unterlaufen: Er möchte dem abstrakten Volk eine konkrete Gestalt zusprechen. Er verwandelt die abstrakte Idee in ein »empirisches Gespenst«, so Helmut Dubiels wunderbare Formulierung[68] – ein Gespenst aber ist das Gegenteil von Empirie, von Erfahrung. Wenn das empirische Gespenst ruft: »Wir sind das Volk«, dann meint es: Wir sind die Gestalt, die einzige Gestalt, die diese Leerstelle zu haben hat.

Populisten erzeugen die Illusion, sie würden wissen, wie es aussieht, dieses Volk. Als wäre das Volk einfach das, was es ist. Mit sich selbst ident. Als hätte es eine fixe Gestalt, das Volk. Eine nicht mehr veränderbare Gestalt.

Dazu aber müssen Populisten eine Operation am offenen Herzen durchführen: Sie müssen »das Volk« umcodieren. Sie müssen es aus dem demokratischen Volk, dem Demos, umdefinieren in das ethnisch-nationale Volk, den Ethnos. Der Demos ist jene Kategorie, die das fasst, was Demokratie ausmacht: die leere Mitte, das leere Zentrum. Denn der Demos, das Staats-volk, hat keine fixe Gestalt – jeder neue Akteur stellt sie in Frage, jeder neue Bürger schreibt diese Gestalt um und zeigt damit, dass das demokratische Volk ein nicht-fixiertes, ein ver-änderbares ist – und die Kategorie des Volkes somit offen ist und offen bleiben muss.

Der rechte Populismus hingegen macht genau das Gegen-teil. Seine diskursive Operation besteht darin, diese offene Ka-tegorie zu schließen: das nicht feststellbare, veränderbare Volk in ein unveränderbares, festgestelltes Volk zu verwandeln. Eben in einen Ethnos. Mit einer eindeutigen, »ethnischen« Gestalt.

Dieser Ethnos wird aus einer offenen Gleichung in eine geschlossene Gleichung übertragen. Statt sich immer wieder neu zu definieren, heißt die populistische Gleichung nun: Das Volk ist das Volk. Wir sind wir. Das Eigene ist das Eigene. Aus der offenen Gleichung ist eine Tautologie geworden. Also eine »Definition«, die eine Wiederholung ist (wie wir sie schon bei der Kultur gesehen haben). Hier findet kein Tausch statt und insofern keine Veränderung. Das Eigene gewinnt sich nur aus der selbstbezüglichen Tautologie. Es tauscht sich nicht – es ist ein Volk von Ähnlichen (nicht von Gleichen – das wäre eine andere Gleichung, ein anderes Verhältnis). Als seien diese, die Ähnlichen, die *wahre* Gestalt, das *wahre* Volk.

Es ist das Volk von jenen, die das Bild des Volkes verkör-pern. Jenes Bild, jene Gestalt, die heute erodiert.

Diese Vorstellung ist antagonistisch. In zweierlei Hinsicht. Die Gestalt des wahren Volkes gewinnt sich, wie wir gesehen haben, aus einer doppelten Frontstellung: gegen die Eliten (die ja eine diffuse Kategorie sind, man denke etwa an Donald Trump), während die populistischen Eliten (denn natürlich gibt es diese) andere Eliten sind: »Sprachrohre«, jene mit dem Draht zum *authentischen Volkswillen* – noch so ein empirisches

Gespenst. Ebenso aber gewinnt sich der populistische Ethnos aus der Front gegen die Anderen, die Fremden. Diese Vorstellung eines Volkes der Ähnlichen ist zutiefst anti-pluralistisch: Sie dient der Abwehr möglicher anderer Gestalten des Volkes – als ob diese ganz real, ganz physisch ein anderes Volk verkörpern würden.

Eingangs wurde die Frage gestellt, ob es sinnvoll sei, von Populismus zu sprechen. Immer wieder wird der Vorwurf erhoben, der Begriff werde so inflationär gebraucht, dass er keine Bedeutung mehr habe. Der häufige Gebrauch liegt aber am häufigen Vorkommen des Phänomens. Und die Bedeutung des Begriffs ist nicht nur präzise – wie wir gesehen haben –, sondern auch notwendig, um den Unterschied zu anderen Phänomenen dieser Art zu markieren. Etwa zum Faschismus.

Die Unterschiede, die spezifischen Differenzen werden deutlich, wenn man den Populismus nicht nur als Gegenbewegung, als Opposition betrachtet, sondern auch als Populismus an der Macht. Das ist zurzeit nicht nur in Russland, der Türkei oder den USA der Fall. Sondern auch mitten in Europa. Da ist etwa Viktor Orbán in Ungarn – und andere, etwa in Österreich, haben es an die Macht geschafft. Dort aber, wo der Populismus an die Macht kommt, entwickelt er eine eigene Form von autoritärer Herrschaft: Die jüngste Rückkehr des Autoritarismus ist nicht das Wiederauftauchen des alten, sondern das Auftreten eines neuen Autoritarismus. Und genau da braucht es einen Begriff, der die Unterschiede markiert, einen Begriff, der diese spezifische Form von Herrschaft erfasst. Und dieser Begriff lautet: Führerdemokratie. Das ist die Herrschaftsform von Populismus an der Macht.

Führerdemokratie meint jenes Demokratiegespenst, bei dem die Demokratie nur mehr die Fassade für eine autoritäre Herrschaft abgibt. Aber dieser Autoritarismus ist nicht einfach eine Diktatur: Es ist nicht eine Herrschaft durch Zwang, sondern vielmehr eine Herrschaft durch Zustimmung. Auch wenn Zwang eingesetzt werden mag, um diese Zustimmung herzustellen. Etwa indem man vor einem Referendum Journalisten einsperrt, bei Referenden, die gar kein »Nein« vorsehen. Das ist nicht demokratisch, sondern führungsdemokratisch. Da geht es um die Herstellung von Zustimmung, von direkter Verbundenheit zwischen dem »wahren Volk« und dessen Führer. Ohne institutionelle Umwege.

Hier aber beginnen die Unterschiede zum Faschismus. Denn der Populismus interveniert in eine Gesellschaft eines bestimmten Typs. Diese Gesellschaft lebt im Zustand einer völligen Immanentisierung: Sie lebt umfassend, unüberschreitbar im Hier und Jetzt. Ohne Vorstellung eines anderen Zustands. Nicht weil es keine politische Phantasie mehr gäbe. Nicht weil keine Utopien mehr vorhanden wären.

Aber politische Utopien sind getragen von einem säkularen Glaubensmoment. Etwa dem Glauben an ein Ziel der Geschichte oder dem heroischen Glauben an die eigene Handlungsmacht. Die Politik hat sich dieser säkular-religiösen Aufladung entledigt. Politik ist tatsächlich säkular geworden. So wie auch unsere Gesellschaften zutiefst säkular sind. Also in einer profanen Gegenwart leben. (Der religiöse Fundamentalismus ist nur die spezifische Abwehrform ebendieser Säkularisierung.) Damit aber fehlt allem politischen Handeln, allen politischen Konzepten die Dimension der Transzendenz – im Sinne eines Überschreitens der Gegenwart, im Sinne einer Zukunftsperspektive.

Auch der rechte Populismus ist eben keine säkulare Religion, wie es der Faschismus gewesen ist. Der Faschismus funktionierte ja über eine Sakralisierung der Politik: mit seinen Kulten, mit seinen sakralen Aufladungen. Der Populismus ist aber keine säkulare Religion. Der rechte Populismus mag Anleihen beim Faschismus nehmen – nicht aber bei dessen säkularer Religiosität.

Der Populismus agiert punktgenau in einer Gesellschaft, die eben nicht mehr religiös gestimmt ist. Er agiert in einer gänzlich säkularen, in einer rein profanen Gesellschaft. Und er bedient sich dessen, was in dieser Innerweltlichkeit noch wie ein Transzendenzersatz funktioniert: die Ausgrenzung der »Anderen«. Dies ist nichts, was uns tatsächlich aus der gegebenen Welt hinausführen würde. Aber die Ausgrenzung gibt vor, das abzuwehren, was unsere Immanenz zu bedrohen scheint. Was der Populismus nun gegen diese vermeintliche Bedrohung in Stellung bringt, ist – anders als beim Faschismus – eben nichts, was ein transzendentes Moment hätte. Kein glorreiches Zukunftsversprechen. Es spielt sich alles im Hier und Jetzt ab.

Mit dieser Feindkonstellation lässt sich der wesentliche populistische Zustand, ein gesellschaftlicher und politischer Ausnahmezustand, begründen und auf Dauer stellen. Das ist jener Zustand, in dem der neue Autoritarismus gedeiht, ohne die Immanenz zu überschreiten: die permanente Mobilisierung der Gesellschaft. Hier und jetzt.

Man denke etwa an Trumps Slogan »Make America Great Again«. Das ist kein Versprechen für die Zukunft. Es ist vielmehr die unmittelbare Bekräftigung der eigenen Stärke. Gefühlt war *America* schon bei Trumps Wahlkampfveranstaltungen *Great Again*. Das hat mehr etwas von einer Selbsterfahrungsgruppe denn von einer säkularen Religion. Das ist etwas anderes als die faschistische Volksgemeinschaft, in der der Einzelne aufgehen sollte. Und genau hier liegt der vielleicht wesentlichste Unterschied zum Faschismus: die Stellung des Einzelnen.

Der Faschismus, der alte Autoritarismus, hatte eine pädagogische Mission. Er war darauf aus, seine Subjekte zu verändern, sie zu erziehen, zu formen, sie einem Ideal, dem Ideal des »Neuen Menschen«, anzugleichen. Und egal, welchem Idealbild man huldigte, immer ging die Transformation der nationalen Subjekte mit deren Disziplinierung einher: sowohl mit äußerer als auch mit innerer, mit Selbstdisziplinierung.

Der neue Autoritarismus hingegen hat keinerlei pädagogische Mission. Er hat keine idealen Vorstellungen, kein Ideal, an das er die Leute anpassen möchte. Es geht ihm vielmehr darum, seine Subjekte eben *nicht* zu verändern. Sie vielmehr als das zu bestätigen, was sie sind. Für das, was sie ohne Eigenleistung sind – nämlich nationale Subjekte. Denn die nationale Identität ist eine Auszeichnung, die man ohne jegliche Gegenleistung erhält. Und sie in der Art zu bestätigen, wie sie es sind: mit allen Mängeln. Denn der Mangel und die damit einhergehende vermeintliche Kränkung sind ja der Hebel der Führungsdemokratie – ob bei Putin, Erdoğan oder Orbán. Die Kränkung ist ihr Instrument, nicht die Disziplinierung der Gesellschaft – gerade deshalb geht es nicht darum, diese Kränkung zu überwinden. Denn Führungsdemokratie braucht die anhaltende Bestätigung in der Kränkung. Denn diese, die Kränkung, ist der Horizont des Populismus. Da geht es nicht um Unterwerfung, sondern um Bestätigung in dem, was man ist. Das heißt, der Einzelne geht nicht auf in der Masse. Und hier kommen wieder die unterschiedlichen Individualismen ins Spiel.

Es war Didier Eribon, der den Unterschied beschrieben hat – jenen zwischen den Wählern der Kommunisten und den Front-National-Wählern. KP wählen sei für die Arbeiterschaft eine »positive Selbstaffirmation« gewesen, den FN wählen hingegen sei eine »negative Selbstaffirmation«[69]. Das entspricht dem Unterschied zwischen der vollen Zugehörigkeit des ersten Individualismus und der nicht-vollen Zugehörigkeit des dritten Individualismus. Im ersten Fall gab es, so Eribon, eine strikte Übereinstimmung zwischen der Klassenidentität und der Partei (im Sinne von Strukturen, Wortführern, Parteiprogrammen) – also eine volle Zugehörigkeit. Bei der Wahl des FN hingegen sei diese Übereinstimmung »inexistent« – eine nicht-volle Zugehörigkeit. Im ersten Fall hätten die Wähler ihre »Identität transzendiert«[70] hin zu einem »Meinungskollektiv« – also hin zu den Massensubjekten des ersten Individualismus. Die produzierte Meinung, das politische Programm der Populisten hingegen sei, so Eribon, nur die »Summe ihrer spontanen Vorurteile«. Also die Affirmation ihres bestehenden Alltagsrassismus. Hier »bleiben die Einzelnen, wer sie waren« – pluralisierte Weniger-Ichs. Waren die einen die alten Disziplinarsubjekte, die sich willig einfügten in eine Partei, in eine Volksgemeinschaft, so wollen jene, die heute autoritäre Gruppierungen wählen, sich nicht selbst unterwerfen – nur die anderen.

Daran zeigt sich, ebenso wie am populistischen »Volk«, dass die Pluralisierung ein dialektisches Feld ist. Sie prägt nicht nur ihre Ausformungen, ihre Einflusssphäre, sie ist auch dort präsent, wo sie negiert wird: Die Pluralisierung prägt auch ihre Abwehrformen. Diese tragen deren Spuren. So ist der Populismus die spezifische Abwehr der Pluralisierung durch und für pluralisierte Subjekte, durch und für Weniger-Ichs.

Die »populistische Lektion« und das Ende dieser Lektion haben ergeben: Wenn man sich der Identitätsfront verweigert, wenn man etwa die ökonomische Frage dagegen stellt, dann reicht das nicht. Denn die ökonomische Frage allein kann die Identität eben nicht erreichen. Und diese, die Identität – sie überlagert heute alle Interessenkonflikte und Klassengegensätze. Gerade in einer Gesellschaft, in der die Pluralisierung die Identitäten massiv verändert.

Gegen diese identitäre Mobilisierung hilft auch kein Aufruf zur Vernunft. Denn damit kann man das vagabundierende Emotionspotenzial nicht wieder einfangen. Dem Populismus kann man nicht mit Aufklärung begegnen, weil diese anderswo andockt, weil Aufklärung die Gefühle nicht erreicht.

Heißt das also, es braucht Populismus, einen anderen Populismus? Lautet die Schlussfolgerung also: Es braucht einen linken Populismus?

Wie sollte ein solcher, ein linker Populismus aussehen? Kann, darf, soll die Linke das »Volk« anrufen, der Abstraktion eine konkrete Gestalt liefern? Die alte, die ganz alte Linke berief sich bekanntlich auf das Proletariat. Dieses war wesentlich ökonomisch bestimmt: die wirtschaftlich Ausgeschlossenen, die Unterprivilegierten. Auch der alte Klassenkampf war gänzlich ökonomisch bestimmt. Vom Volk sprechen heißt aber, die Menschen nicht nur als Klassensubjekte verstehen, sondern auch andere Identitätsbestimmungen gelten lassen. Heißt akzeptieren, dass die politische Auseinandersetzung immer auch eine ideologische ist. Und hier würde für den linken Populismus eine heikle Gratwanderung beginnen.

Zum einen stimmt es, dass jeder politische Kampf ideologisch ist, also mit affektiv aufgeladenen Bildern operiert. Und diese Aufladung rührt immer von der Frage her: Wer sind wir? Wir haben gesehen – diese Fragen werden in jedem Tarifkonflikt mitverhandelt. Zum anderen aber müsste ein linker Populismus über dieses Wissen hinausgehen und eine Vorstellung dessen, was wir sind, ein Bild des »Volkes« anbieten. Das heißt, auch linker Populismus würde die Herstellung eines »Volkes« bedeuten. Selbst wenn man dieses Volk offen, pluralistisch konzipieren würde, bliebe es dennoch ein schwieriger, ein heikler

Vorgang. Ein Vorgang, bei dem es darum geht, die Massen zu mobilisieren. Indem man deren freigesetzte Emotionen aufgreift, ihrer obdachlosen Subjektivität Platz verschafft. Das heißt, auch linker Populismus, auch die Vorstellung eines pluralisierten Volkes könnte nur über eine mobilisierende Feinderklärung funktionieren. Auch linker Populismus müsste sich also ins Unversöhnliche begeben. Zugleich aber bräuchte auch ein linker Populismus über eine Feinderklärung hinaus noch eine positive Identifikation. Beim rechten Populismus ist dies die Nation. Die Nation ist ein Phantasma, das sowohl die Ressentiments bindet, als auch ein Identitätsangebot liefert. Was könnte beim linken Populismus diese Funktion übernehmen?

Die »Lektion« des Populismus lehrt *nicht*, dass es eines Populismus bedarf. Das Ende der populistischen »Lektion« bedeutet nicht, dass es eines anderen Populismus bedarf. Kurzum: Lektion und Ende der Lektion sind *kein* Plädoyer für einen linken Populismus.

Die Schlussfolgerung, die aus der Lektion jedoch gezogen werden muss, ist: Demokratische Politik ist nicht nur die Lösung sachlicher Probleme. Sie ist auch die Herstellung eines *emotionalen* Konsenses. Es braucht also eine Politik, die die Emotionen berührt. Aber eben auch die positiven. Und es braucht eine Politik, die ein Identitätsangebot macht. Ein Identitätsangebot aber, das nicht einfach die Kehrseite einer Feinderklärung ist. Das Ende der populistischen Lektion hat gezeigt: Es geht nicht nur darum, *dass* die Politik ein Identitätsangebot macht. Es geht auch darum, *welches*.

Einen Versuch, genau diese Schlussfolgerung zu ziehen, einen Versuch für solch ein Identitätsangebot lieferte der österreichische Präsidentschaftswahlkampf, der sich bekanntlich über das ganze Jahr 2016 zog. In der Stichwahl mussten beide Kandidaten einen schwierigen Spagat zustande bringen: Sie mussten ihre Positionen auf eine breitere Basis stellen, also mehr Leute hinter sich versammeln, als ihre Parteizugehörigkeit hergab. Die Van-der-Bellen-Wahlbewegung, die dabei entstand, war weder populistisch noch eine Parteienbewegung. Sie ging weit über Parteipolitik hinaus. Die Ablehnung gegen rechts erlaubte es, ein sehr breites »Wir« herzustellen. Politisch und emotional ein schwieriger Balanceakt.

Dazu wurde der Begriff »Heimat« herangezogen. Es war der Versuch, dieses Konzept nicht den Rechten zu überlassen. Es war der Versuch, Heimat anders, neu zu definieren. Nicht als Heimat der Ähnlichen, sondern auch als Heimat der Unähnlichen. Nicht als Bestimmung der Herkunft, sondern als Behauptung aller, die »hier leben«. Statt einer ausschließenden eine einschließende Heimat.

Die Bilder aber, die diesen Vorstoß begleitet haben, die Bilder dieser »neuen« Heimat unterschieden sich kaum von jenen der »alten« Heimat. Landschaftspanoramen. Berge. Natur. Und auch wenn da ein sympathischer Professor entspannt mit seinem Hund spielte, ändert das nichts daran, dass mit diesen Bildern der Versuch, den Begriff »Heimat« umzucodieren, gescheitert ist. Man kann einen Begriff nicht neu aufladen, wenn man die dazugehörige Ikonografie nicht verändert. Man müsste eine neue Bildsprache, eine neue Bilderwelt entwerfen, um ein Konzept neu zu bestimmen. Es reicht nicht, sich in die alte Naturidylle zu begeben und zu dekretieren, diese sei jetzt für alle da. Erst eine eigene Bilderwelt hätte aus dem neuen Heimat-Begriff einen neuen Emotionsraum gemacht.

Das Bild, das uns derzeit für die pluralisierte Gesellschaft zur Verfügung steht, ist ein ganz anderes Bild als das der Bergidylle. Es ist ein Bild, das man sozusagen auf der Straße findet.

Die Straße ist ein Konfliktraum. Hier prallen die unterschiedlichsten Interessen aufeinander. Bislang wurde das Verhalten auf der Straße ausschließlich durch die StVO geordnet, also durch eine Autorität, die Regeln aufstellt – aufstellen sowohl im wörtlichen Sinn (durch Verkehrszeichen) als auch im übertragenen Sinn. Regeln, an die sich alle zu halten haben. Das ist wunderbar demokratisch. Die StVO gilt für alle. Gleichermaßen. Da braucht es auch keine Moral, damit der Stärkere, etwa der Autofahrer, auf den Schwächeren, etwa den Fußgänger, Rücksicht nimmt. Da gibt es Schutzwege. Die Verkehrsteilnehmer müssen individuell keine guten Menschen sein, um bei Rot stehen zu bleiben und die anderen fahren zu lassen. Die StVO nimmt dem Einzelnen die Last von Moral und Tugend ab (auf der Straße) und delegiert sie an eine Institution, die diese für alle verwaltet.

Die StVO ist also ein Gesellschaftskonzept. Und dieses wird heute von einem genau gegenteiligen Konzept herausgefordert: der Begegnungszone. Diese funktioniert über die Deregulierung ebendieses Ordnungssystems. Hier gibt es außer einer allgemeinen Geschwindigkeitsbegrenzung (fast) keine Regeln, keine Verkehrsschilder, keine Signale. Der Verkehr organisiert sich selbständig. Ohne Autorität, die eingreift. Und heraus kommt eine konfliktfreie, gemeinsame Nutzung des öffentlichen Raums, ein *shared space*. Natürlich regt sich da Skepsis. Zu tief haben wir alle, ohne es zu wissen, die Lektion von Thomas Hobbes verinnerlicht: Jenseits der Autorität, die unsere Egoismen eingrenzt und unsere Leidenschaften zähmt, lauert der Krieg aller gegen alle. Wie also soll sich ein – relativ – autoritätsfreier Raum selbst organisieren? Wie kann das gehen? Verwandeln wir uns alle in rücksichtsvolle, verantwortungsbewusste, kinderliebende Wesen, wenn wir in die Begegnungszone einbiegen?

Die Antwort auf diese Frage betrifft unser äußerst paradoxes Verhältnis zu Regeln. Äußere Autoritäten, auferlegte Regeln werden natürlich nicht nur erfüllt und befolgt. Sie werden auch übertreten. Die Übertretung gehört also gewissermaßen zur Disziplinierung dazu. Mehr noch – das Nichtbefolgen von Vorschriften wird zum Ausweis von Abenteurertum und Aufbegehren. Auch und gerade auf der Straße. Das Spiel mit den Regeln wird zur Signatur der Leistung des Einzelnen. Und was die Sicherheit anlangt, so hat sich erwiesen: Maßnahmen zur Erhöhung der Sicherheit im Straßenverkehr haben neben den erwünschten auch unerwünschte Wirkungen: Der Sicherheitsgewinn – also das Wissen darum, besser geschützt zu sein – wird in riskanteres Fahren umgelegt. Schutzwege stellen da, so Verkehrsplaner, nur eine »Scheinsicherheit« her.

Die paternalistische StVO, die uns in ebenso disziplinierte wie undisziplinierte Straßensubjekte verwandelt, reicht also nicht mehr aus. Die äußerlichen Sicherungen sind nicht mehr zeitgemäß. Die Vorsicht muss in das Verhalten der Einzelnen eingehen. Dazu braucht es eine Art Protestantisierung der Verkehrsteilnehmer: Diese müssen die Prinzipien von Rücksicht, Vorsicht und Gemeinsamkeit tatsächlich verinnerlichen. Die Delegierung an die StVO ist nicht mehr genug. Nicht für pluralisierte Subjekte.

Und wie erreicht man diese wundersame Verwandlung von aggressiven Verkehrsbestien? Nicht durch Regeln – der Verkehr soll sich ja von allein organisieren. Nicht durch Appelle wie: Seien Sie doch bitte rücksichtsvoll! Nein, man erreicht das durch – Deregulierung. Das ist die bewusste, gezielte Herstellung von subjektiver Unsicherheit. Raumplaner sagen das ganz offen. Durch räumliche Gestaltung – wie dem Wegfall von eindeutig zugeordneten Straßenflächen – erzeugt man beim Einzelnen ganz absichtlich das Gefühl von Unsicherheit. Denn genau das führt zu verändertem Verhalten. Die Unsicherheit des Einzelnen erzeugt eine sicherere Gesamtsituation.

Das ist der gewissermaßen umgekehrte paradoxe Effekt zur StVO: Während die Regel Übertretungen produziert, bringt die Deregulierung vorsichtige, kommunikative, rücksichtsvolle Verkehrsteilnehmer hervor. In anderen Bereichen führt solche Deregulierung, solche Freistellung von Schutz zu einer knallharten Ellbogengesellschaft. Auf der Straße ergibt das aber Selbstorganisation und Eigenverantwortung – aus reinem Selbsterhaltungstrieb. Das ist die »unsichtbare Hand« der Begegnungszone, die die Egoismen der Einzelnen zu einem großen, funktionierenden Ganzen verbindet. Ganz ohne Moral. Die Selbsterhaltung widerlegt Hobbes: Jenseits der alles regulierenden Autorität liegt nicht das Chaos, sondern der *shared space*.

Nicht einheitliche Verkehrssubjekte, sondern unterschiedliche Einzelne ziehen hier ihrer Wege, ohne einander zu stören. Pluralisierte Einzelne, die nur ihre Unterschiedlichkeit, die nur ihre Differenz teilen. Nicht aber ihre Ähnlichkeit. Damit hat es die Begegnungszone zur Metapher gebracht, zum Sinnbild der pluralisierten Gesellschaft des 21. Jahrhunderts. Als Bild für ein neues Heimat-Verständnis aber, als neues Bild für eine neue Heimat ist sie kaum geeignet.

Kapitel 7

Schauplatz Political correctness: Identitätspolitik von rechts und links

Der letzte Schauplatz ist die Öffentlichkeit – Öffentlichkeit als jener Bereich, in dem die Gesellschaft sich über sich selbst verständigt. Dabei geht es um die Frage: Wie erzählt die Gesellschaft sich selbst, welche Erzählungen konkurrieren da? Welches Bild hat die pluralisierte Gesellschaft von sich selbst, welche Bilder treten gegeneinander an? Kurzum: Welche Frage leitet uns?

Dazu wenden wir uns, wie am Ausgangspunkt in Kapitel 1, dem zu, was dieser pluralisierten Gesellschaft voranging. Die Nachkriegsgesellschaften des Westens bilden auch hier die Negativfolie, den Hintergrund, von dem sich die gegenwärtigen Konstellationen abheben, vor dem sie klarer sichtbar werden.

Die Gesellschaften des Kalten Krieges hätten sich, so Samuel Huntington[71], entlang von politischen Ideologien organisiert. *Auf welcher Seite stehst du?* – das sei *die* Kalte-Kriegs-Frage gewesen. Eine asymmetrische Frage, wie wir noch sehen werden.

Die dazugehörige Erzählung wird an »Ninotschka« deutlich, dem Film von Ernst Lubitsch. Es ist dies eine Kalte-Kriegs-Erzählung avant la lettre.

Paris 1939, drei sowjetische Genossen schwelgen im Luxus und vergessen darüber ihre Mission von der Weltrevolution. Ihnen wird eine Kommissarin nachgeschickt – Greta Garbo.

Sie ist der Inbegriff revolutionärer Askese. Sie ist völlig immun gegen den materiellen Genuss. Wo sie aber nicht widerstehen kann, wo ihre revolutionäre Tugend versagt, das ist der »höhere« Genuss: die wahre Liebe. Die Liebe ist es, die sie »bekehrt« und die ihren Asketismus besiegt und überwindet. Bis hin zum konsumistischen Hedonismus in Gestalt eines zauberhaften kleinen Hütchens.

Es ist dies eine Erzählung von der Überlegenheit der westlichen Lebensform – einer Lebensform, die für alle Bedürfnisse etwas auf Lager hat, für die materiellen ebenso wie für die emotionalen. Tatsächlich war der Westen jahrzehntelang ein Sehnsuchtsort, das Versprechen von Glück und Genuss – für jene, die nicht dort lebten. Wobei »der Westen« nicht so sehr eine geografische Kategorie war, sondern mehr eine Lebensform, bestenfalls eine politische Form meinte. Das war er für die Menschen im Ostblock ebenso wie für jene im Nahen Osten. »Einst war der Westen chic«, meinte der deutsch-irakische Schriftsteller Sherko Fatah. Einst waren Bagdad und selbst Kabul in diesem Sinne »westliche« Städte. Die Überlegenheit des Westens war nicht einfach eine ökonomische oder militärische. Die Überlegenheit des Westens war wesentlich eine mentale: die Verführungskraft einer Glücksvorstellung.

Eine markante Zäsur für die Vorherrschaft dieser Lebensform waren die »Schläfer« von 9/11. Diese getarnten Terroristen haben den Mythos vom Westen, also die Vorstellung vom Westen, wie imaginär diese auch immer gewesen sein mag – sie haben diesen Mythos vom guten Leben als Allheilmittel nachhaltig in Frage gestellt. Einfach indem sie ihm widerstanden haben. Jahrelang haben diese Schläfer im Westen gelebt, ohne von der westlichen Zivilisation »infiziert« worden zu sein, ohne dass der westliche Way of Life sie »korrumpiert« und ihre »Mission« gelöscht hätte. Heute sind es die Jihadisten, die immun gegen die westlichen Glücksvorstellungen sind. Sie brechen aus ihren Kinderzimmern auf, um in den »Heiligen Krieg« zu ziehen. Wenn heute Flüchtlinge in Massen nach Europa streben, dann suchen sie Schutz und Sicherheit vor Krieg und Verfolgung. Das ist aber etwas ganz anderes als die Suche und die Sehnsucht nach einem Lebensmodell.

Ninotschka hat ausgedient. Die Verführungskraft des »Westens« ist dahin. Das ist ein tiefergehender Vorgang als das Scheitern von Integration im sozialtechnischen Sinn. Es ist das Verwerfen von dem, was für die Vorherrschaft des Westens zentral war. Es ist das Verwerfen seines Traums.

Die Frage *Auf welcher Seite stehst du?* war eine asymmetrische Frage. Denn die Kalte-Kriegs-Konstellation konfrontierte zwei gänzlich unterschiedliche Player. Deren Unterschied war nicht nur einer der Überzeugungen und der politischen Inhalte, es war auch ein Unterschied der imaginären Formen, der Angebote im Imaginären. Wie man an der Konstellation »Kommissarin versus Liebe« sieht, war dies die Konfrontation einer Gesellschaft mit einem heroischen und jener mit einem (geregelten) Genussappell. Heroismus versus Glück lautete die asymmetrische Gegenüberstellung. Und genau da muss man einhaken. An der Entwicklung des Westens hin zu einer postheroischen Gesellschaft.

Diese Entwicklung einer gezielten Umerziehung und Umcodierung ganzer Gesellschaften hat in der Nachkriegszeit eingesetzt. Und dieses Konzept einer postheroischen Gesellschaft ist heute – unter den veränderten Verhältnissen – zu einer der zentralen Bedingungen, zu einer der Grundlagen der pluralisierten Gesellschaft geworden. Was also ist eine postheroische Gesellschaft?

Michel Foucault verdanken wir die Unterscheidung zwischen Jupiter- und Antijupiterhistorie.[72] Erstere ist eine Geschichte, die Jupiter, »dem machtdarstellenden Gott«, verpflichtet ist. Sie ist jene Art von Erzählung, die die Geschichte der Sieger erzählt. Jene, die die Macht und deren Ruhm darstellt. Sie ist eine Erzählung, die die Gesellschaft um den Sieg herum eint. Die Geschichte als Glorie der Vorbilder ist also ein Machtfaktor. Jupiterhistorie, die unbefleckte Heldenerzählung, ist ein Ritual zur »Stärkung der Souveränität«.

Im Gegensatz dazu ist die Antijupiterhistorie die Geschichte der Unterdrückten, der Unterworfenen, der Opfer. Ihre Perspektive verschafft sich in dieser Gegenhistorie Gehör. Die Glorie beleuchtet nur die Sieger. Hier aber treten die Opfer aus dem Schatten und ergreifen das Wort. In ihrer Perspektive ist der Sieg der anderen die eigene Niederlage. Sie erheben Einspruch gegen die Macht. Die Gegenhistorie bringt die Identifikation mit dem Souverän ins Wanken. Sie macht deutlich, dass die Macht nicht nur verbindet, sondern auch unterjocht. Es ist ein Diskurs des Einspruchs gegen die Macht. Die Antijupiterhistorie ist eine Gegenrede, die die beschworene Einheit der Gesellschaft stört.

Nach einer langen Vorherrschaft der Heldenerzählung, die die Gegenhistorie nur als Störung registrierte, hat sich nach dem Zweiten Weltkrieg ein offizieller Erinnerungsraum jenseits der Jupiterhistorie eröffnet.

So ist etwa die Erinnerung an den Nationalsozialismus eine, die einen Bruch in postfaschistische Gesellschaften eingeführt hat. Einen Bruch, der die einen als Opfer von den anderen, den Tätern, unterscheidet. Während die Jupiterhistorie immer eine Geschichte präsentierte, in der die Gesellschaft sich in allen Stadien wiedererkennen konnte, ist die Erinnerung an den Nationalsozialismus eine Konflikterinnerung. Eine Erinnerung also, die die Gesellschaft nicht eint, sondern vielmehr spaltet. Die dem Nationalsozialismus folgende Gesellschaftsordnung schreibt sich also von einem Bruch her. Dieser Bruch ist ihre Ursprungsgeschichte. Die Gegenhistorie aber hat sich nicht nur in postfaschistischen Gesellschaften, sondern in ganz Westeuropa durchgesetzt. Sie ist schon seit Jahren vorherrschend. Selbst Frankreich hat das Unrecht seiner Kolonialherrschaft in Algerien eingestanden.

Jupiter- und Gegenhistorie sind auch an zwei gegensätzliche Figuren gebunden, die den ersten beiden Individualismen entsprechen. So gehört zur Jupitererzählung der Held als allgemeinverbindliche Figur für eine ganze Gesellschaft – eine Figur des ersten Individualismus –, der mit seiner siegreichen Erzählung, eben der Heldengeschichte, die Gesellschaft durch diesen Sieg einen soll.

Die Figur der Gegenhistorie hingegen ist der Rebell, der nicht mehr allgemein-, sondern nur noch partiell verbindlich ist. Dessen Erzählung gilt nicht für alle Mitglieder einer Gesellschaft, sondern nur für einen Teil. So soll die Rebellengeschichte die Gesellschaft auch nicht einen, sondern spalten. Es ist eine Erzählung, die einen Teil der Gesellschaft gegen einen anderen in Stellung bringt.

Der Rebell mit seiner eindeutigen Identität ist eine Figur des zweiten Individualismus. Und dieser Rebell, der immer ident mit sich ist, ist natürlich immer noch eine heroische Figur – wenn auch keine gesamtgesellschaftliche mehr. Und dennoch wird mit ihm, vor allem in den 1960er Jahren in den Gesellschaften des Westens, der Postheroismus befördert – und zwar durch die Gegenhistorie, die er vertritt, durch seine Antijupitergeschichte mit ihrer Betonung der Opferperspektive.

Es ist diese Entwicklung, die sich im dritten Individualismus nochmals beschleunigt – bekräftigt durch den Status und die Perspektive des Opfers.

1993 hat Samuel Huntington die Parole vom »Kampf der

Kulturen« ausgegeben. Er sagte eine neue Form der Konfrontation voraus. Nach dem Ende des Kalten Krieges würde die Weltgeschichte, so Huntington, entlang eines neuen Paradigmas verlaufen: jenem der Zivilisationen und ihrer »Kulturen«. Die Frage sei nun nicht mehr: *Auf welcher Seite stehst du?* Die neue Frage sei vielmehr, so Huntington: *Wer bist du?*

Gerade weil diese Frage auf den ersten Blick so überzeugend scheint, müssen wir sie nachdrücklich hinterfragen: Ist das wirklich die Frage unserer Zeit? Bezeichnet diese Frage tatsächlich unsere Verwerfungen? Markiert sie wirklich das, was uns trennt? Befinden wir uns also tatsächlich in einem »Kampf der Kulturen«?

Wir leben heute in einer akuten Situation. Es ist deshalb ein politisches Gebot der Stunde, den Verlauf der gesellschaftlichen Spaltung genau zu bestimmen. Denn anders als im Kalten Krieg sind die Fronten heute weder eindeutig noch klar. Sie verlaufen nicht einfach an der Grenze, am Rand unserer Gesellschaft. Sie verlaufen vielmehr mitten durch die Gesellschaft hindurch. Eben weil die Fronten heute weder eindeutig noch klar sind, eben weil sie äußerst komplex sind, ebendeshalb ist es so wichtig, ihren Verlauf genau zu bestimmen.

Und da muss man festhalten: Entgegen seinem Anschein ist das Wort vom »Kampf der Kulturen« keine Analyse. Es ist vielmehr selbst parteiisch. Es bezeichnet eine Position *in* dieser Auseinandersetzung. Das Wort vom »Kampf der Kulturen« ist selbst bereits Teil der Auseinandersetzung.

Denn die Erzählung, wir würden uns in einem »Kampf der Kulturen« befinden, trägt dazu bei, eine falsche Demarkationslinie zu ziehen. Das Wort vom »Kampf der Kulturen« unterstellt, die akuten Bruchlinien würden entlang von Religionen und Ethnien verlaufen. Es zieht also die gesellschaftliche Trennlinie *zwischen* den Kulturen, *zwischen* »dem« Westen und

»dem« Osten, zwischen »den« Christen und »den« Moslems. Aber diese Trennlinie ist eine Konstruktion der Rassisten einerseits, und sie ist die spiegelverkehrte Konstruktion der Islamisten andererseits. Denn sie sind diejenigen, die sich an der Frage *Wer bist du?* formieren. Sie sind diejenigen, die sich an der Vorstellung einer eindeutigen, einer vollen eigenen Identität formieren. Deshalb ist *Wer bist du?* keine unschuldige Frage. Es ist vielmehr eine Kampffrage – eine Frage also, die *in* der Auseinandersetzung steht und nicht darüber.

Tatsächlich aber ist die gesellschaftliche Front wesentlich komplexer. Sie verläuft nicht zwischen Abendland und Morgenland. Sie verläuft nicht zwischen den Religionen. Sie verläuft auch nicht zwischen Säkularen und Gläubigen. Ja, sie verläuft noch nicht einmal zwischen den beiden Fraktionen, die in Huntingtons Kulturkampf ziehen: islamophobe Rassisten und Islamisten. Selbst diese beiden Fraktionen von fundamentalistischen Kulturkämpfern treten nicht gegeneinander an. Das macht die gegenwärtige Situation so unübersichtlich: Der Frontverlauf folgt nicht der deklarierten Demarkationslinie. Der deklarierte Gegner ist nicht der wirkliche Gegner. Das machen all die Horrorattentate klar: Das hat das Attentat auf *Charlie Hebdo* klargemacht, als fanatisierte Männer die Redaktion des Satiremagazins exekutierten. Das machen all die Attentate klar – Paris, London, Nizza und kein Ende. Und das hat auch das – spiegelverkehrt – Attentat des Norwegers Anders Breivik auf das Sommercamp in Utøya gezeigt. Oder der tödliche Angriff eines Rechtsradikalen auf die britische Abgeordnete Jo Cox. So verschieden diese Horrorszenarien auch sind, in einem folgen sie derselben Logik: Die deklarierten Feinde zielen nicht aufeinander. Die Islamisten haben nicht auf Rassisten geschossen. Ganz im Gegenteil. Und die Rechtsradikalen haben nicht auf Moslems geschossen. Die Opfer sind

Karikaturisten und Hedonisten einerseits und Sozialdemokraten andererseits. Das ist der wahre, der »gemeinsame« Feind für beide Seiten. Sowohl für Islamisten als auch für Rassisten ist der wahre Feind die pluralisierte, die pluralistische, die offene, die liberale Gesellschaft, die atheistische, säkulare, die demokratische 68er-Welt. Mit dem Fall der Berliner Mauer, mit dem Ende des Ostblocks hat sich auch der Westen verändert: Er ist nicht mehr Ninotschkas Westen, also der Sehnsuchtsort des Ostens. Nicht nur, weil es diesen Osten nicht mehr gibt, sondern auch, weil sich »der« Westen seit 1989 verändert hat: Aus einem Kapitalismusparadies mit Glücksangebot wurde »der« Westen zunehmend feministisch, homosexuell, pluralistisch, säkular und eben politisch korrekt. Zumindest als Möglichkeit. Dieser Westen befindet sich nun also in einem Zangengriff. Er ist es, der von zwei Seiten angegriffen wird.

Nach dem Attentat auf *Charlie Hebdo* erschien folgende Karikatur: Ein Terrorist steht mit rauchender MP vor einer Leiche und ruft: »He drew first!« (Er zeichnete und zugleich er zog zuerst.) Wenn es ein Bild für die Komplexität der Situation gibt, dann dieses. Es zeigt, dass die Auseinandersetzung nicht gemäß der Logik eines Fußballspiels funktioniert. Es treten nicht zwei Mannschaften auf einem Feld gegeneinander an. Die Karikatur macht vielmehr deutlich: Wir teilen nicht einmal das Terrain. Wir treten nicht einmal auf demselben Schlachtfeld an. Sie zeigt: Es ist nicht nur ein Kampf *an* der Frontlinie, es ist auch ein Kampf *um* die Frontlinie, ein Kampf um deren Verlauf.

Entgegen dem, was das Wort vom »Kampf der Kulturen« suggeriert, gibt es also nicht nur zwei, sondern mehrere Player. Und entgegen dem Wort vom »Kampf der Kulturen« ist eben auch die Front viel komplexer: Denn sie verläuft durch alle Kulturen und Religionen hindurch. Sie ist nicht einfach die Antwort auf die Frage: *Wer bist du?* Diese Frage ist eine Form, die wahre Demarkationslinie abzuwehren. Sie suggeriert, gemäß dem Bild vom Fußballmatch, hier würden unterschiedliche volle Identitäten gegeneinander antreten. Tatsächlich aber trennt die wahre gesellschaftliche Front diverse volle Identitäten von den nicht-vollen Identitäten der pluralisierten Gesellschaft. Sie trennt jene, die eindeutige Identitäten haben, von den pluralisierten Subjekten, die wir längst sind. Entgegen der Erzählung vom »Kampf der Kulturen« stehen sich also nicht Osten und Westen gegenüber. Nicht der Islam gegen das Christentum. Es stehen vielmehr Islamisten *und* Islamophobe gegen all jene, die eine pluralisierte, offene Gesellschaft wollen – egal, welche Religion oder Kultur sie jeweils haben. Entgegen dem, was das Wort vom »Kampf der Kulturen« suggeriert, ist damit auch das, was Kultur ist, wesentlich komplexer.

In dieser ganzen Unübersichtlichkeit der Auseinandersetzung stellt sich dann aber die Frage: Wenn es um eine Auseinandersetzung mit der pluralisierten, mit der offenen Gesellschaft geht, wenn diese der wahre Feind und Gegner ist – was sind dann Rassisten und Islamisten füreinander? Was ist deren Verhältnis zueinander?

Dieses Verhältnis ist von einer spezifischen Vermengung von Phantasma und Realität bestimmt. Es gibt zwei Tatsachen: Auf der einen Seite gibt es den politischen Islam mit seinen terroristischen Formationen wie dem »Islamischen Staat« und der Radikalisierung moslemischer Jugendlicher – und auf der anderen Seite haben wir eine ansteigenden Islamophobie, eine panische Ablehnung von Moslems, einen Generalverdacht gegen eine ganze Religion.

Das Merkwürdige daran ist, dass diese Gleichzeitigkeit keine Kausalität bedeutet – die Tatsache eines islamistischen Terrors ist nicht die Ursache für die Ablehnung des Islams. Letzteres ist ein bestehendes Vorurteil, das durch die Geschehnisse verstärkt worden sein mag – in ihrem Kern aber sind Vorurteile immer irrational. Sie sind resistent gegen die Realität. Sie haben keinen Realitätsgehalt. Was wir derzeit haben, ist der seltene Fall, in dem ein Vorurteil und ein tatsächliches, ein schlimmes Problem gleichzeitig auftreten. Das ist anders als bei den *Itakern*, den *Tschuschen*, den *Zigeunern*, den *Piefkes* oder den *Juden*. Und dennoch ist das Vorurteil gegen Moslems nicht weniger ein Vorurteil, nur weil es sich an ein reales Problem anlehnt – also begründet erscheint. Und gleichzeitig ist das reale Problem nicht weniger ein Problem, nur weil es von Vorurteilen flankiert wird. Das ist eine eigene Art von Parallelwelt.

Wie aber geht man mit dieser doppelten Problematik um? Wie geht man damit um, dass Islamophobie mit einem realen Problem zusammenfällt? Wenn die ausländerfeindliche Hetze ein tatsächliches Objekt bekommt? Die Situation ist wie bei einem Paranoiker, der wirklich verfolgt wird. Oder bei einem krankhaft Eifersüchtigen, der tatsächlich betrogen wird: Die Tatsache, das Zuwachsen eines Grundes ändert nichts an der Pathologie – aber es erschwert die Therapie massiv, wie Slavoj Žižek einmal meinte.

Der Befund, dass es solch eine Parallelwelt gibt, reicht aber nicht aus, um das Verhältnis von Rassisten und fanatisierten Moslems zu klären. Überraschenderweise wird ihr Verhältnis an einer ganz anderen Frage klarer – an der immer wieder gestellten Frage: Sind die Moslems die neuen Juden?

Was unterstellt die Islamophobie den Moslems? Sie unterstellt ihnen – eine volle Identität. Islamophobie ist geradezu besessen davon, Moslems würden eine volle Identität verkörpern. Gerade deshalb, gerade weil die Rassisten den Moslems eine solche volle, eine eindeutige Identität unterstellen, gerade weil sie dieses Phantasma zu verkörpern scheinen, sind sie nicht die neuen Juden. Die Moslems sind nicht die Juden unserer Zeit.

Alter Antisemitismus und Islamophobie sind zwar beides Ressentiments, aber aus unterschiedlichen, ja aus gegensätzlichen Gründen. Die Juden wurden ja ausgegrenzt, weil man ihnen unterstellte, nicht-ganze Subjekte zu sein: nicht-ganze Deutsche, nicht-ganze Österreicher. Jude sein war gleichbedeutend damit, nicht-voll zu sein. Die Ablehnung der Moslems hingegen ist von der Vorstellung getragen, diese seien eben hundertprozentige, eindeutige Identitäten. Demzufolge ist die phantasierte Bedrohung, die von ihnen ausgehen soll, auch eine andere: Den Juden, den nicht-vollen Subjekten, wurde vorgeworfen, die Gesellschaft zu »zersetzen«. Die »einheitlichen« Moslems hingegen »drohen«, den Westen zu »erobern«.

Den Moslems wird also unterstellt, eben eine solche Identität zu haben, wie Islamophobe und Rassisten sie für sich selbst imaginieren. Deshalb sind Rassisten und Islamisten nicht einfach Feinde. Sie sind vielmehr Rivalen. Konkurrenten, die sich beide an der Huntington-Frage *Wer bist du?* formieren. Und die sich beide genau damit gegen die offene, gegen die pluralisierte Gesellschaft stellen. Denn diese Gesellschaft stellt eine ganz andere Frage als *Wer bist du?* Diese Gesellschaft erzeugt ganz andere Identitäten.

Wir haben gesehen, dass die gesellschaftlichen Hauptkonfliktlinien heute kulturell bestimmt sind. Wobei Kultur dabei nicht im Sinne Huntingtons – als Block eindeutiger Identitäten – zu verstehen ist. Deshalb trifft es die Situation besser, wenn man von einer Identitätsfront spricht. Es ist dies nicht eine Front der verschiedenen Identitäten, sondern eine Front der verschiedenen *Arten* von Identität. Das ist die zentrale Demarkationslinie in pluralisierten Gesellschaften. Die dem entsprechende politische Form wird deshalb immer wichtiger – die sogenannte Identitätspolitik.

Identitätspolitik gibt es sowohl von rechts als auch von links. Rechter Identitätspolitik sind wir bereits in Kapitel 6 begegnet. Populismus ist ja ein Synonym für rechte Identitätspolitik. Mit linker Identitätspolitik hingegen haben wir uns bislang noch nicht beschäftigt. Dazu ist es notwendig, die Veränderung, die linke, emanzipatorische Kräfte erfahren haben, in Erinnerung zu rufen – eine Veränderung, die mit jener der drei Individualismen kongruiert.

Die »klassischen« Kämpfe um soziale Rechte waren noch keine Identitätspolitik. Diese Klassenkämpfe waren Kämpfe des ersten Individualismus um die volle gesellschaftliche Zugehörigkeit der weißen Arbeiterklasse. Demzufolge war auch die entsprechende Solidarität eine Solidarisierung der Ähnlichen.

Die Bürgerrechtsbewegungen haben ebenso wie die »Neuen sozialen Bewegungen« Art und Ziel der gesellschaftlichen Auseinandersetzung verändert. So haben sie das Spektrum der Unterdrückung und damit das Spektrum der Unterdrückten erweitert: Über die ökonomische Ausbeutung der weißen Arbeiterschaft hinaus rückten nun auch andere Arten der Unterdrückung ins Blickfeld. Diskriminierung als Ungleichbehandlung von Personen etwa aufgrund ihres Geschlechts, ihrer sexuellen Orientierung oder sonstiger Merkmale. Solidarität war damit nicht mehr nur eine der Ähnlichen, sondern auch Solidarisierung mit Nicht-Ähnlichen. Dabei ging es nicht mehr nur um soziale Rechte, sondern auch um gesellschaftliche Anerkennung und juristische Gleichstellung.

Das heißt also, es ging um eine »integrative Gleichheit«[73], eine Gleichheit, die alle einbeziehen und absehen sollte von dem, was sie unterscheidet. In diesem Sinne war auch dies noch keine Identitätspolitik, weil ihr Ziel ja darin bestand, über die partikulare Identität hinauszugehen, allgemeine Rechte jenseits der partikularen Identitäten zu erkämpfen. Zugleich ging aber aus der Auflehnung gegen Diskriminierung der zweite Individualismus hervor. In der Rebellion behauptete sich eine zwar unterdrückte, aber »authentische« Identität, die in der Befreiung zu sich kommen und dann eins mit sich sein sollte. Ihr Versprechen war es, aus der Befreiung von Unterdrückung und Diskriminierung eine volle Identität zu gewinnen. Genau darin war dies eine Figur des zweiten Individualismus.

Dort, wo die politische und historische Entwicklung nur fließende Übergänge kennt, bedarf die Darstellung zwecks Verständlichkeit der klaren Abgrenzung. Für diesen nächsten Schritt muss man in Erinnerung rufen, dass die Anerkennung und der Mangel an Anerkennung, also die Diskriminierung, das entscheidende politische Spannungsfeld pluralisierter Gesellschaften bilden.

Das – partielle – Scheitern der integrativen Gleichheit, die Nichteinlösung des Versprechens einer Befreiung der unterdrückten, diskriminierten Minderheiten hat, vor allem bei der schwarzen Bürgerrechtsbewegung in den USA, zu einer Reaktion geführt, die später auch von anderen Gruppierungen übernommen wurde: dem Separatismus. Es war dies nicht mehr die Suche nach einer »integrativen«, sondern die Hinwendung zu einer »dissoziativen Gleichheit«, einer Gleichheit, die sich nicht mehr als gesamtgesellschaftliche verstand, sondern als Bildung von »Widerstandsgruppen«[74] – von Gruppen also, die aus dem Stigma ihrer Diskriminierung, aus dem Stigma, das sie ausschließt, jene Identität machen, mit der sie gegen die Gesellschaft auf- und antreten. Identität wird hier nicht mehr als authentisches Selbst, sondern als Einspruch gegen eine unterdrückende Mehrheitsgesellschaft, als abgrenzende Kultur verstanden. Hier beginnt, genau genommen, erst das, was man unter Identitätspolitik versteht.

Identitätspolitik ist auch und vor allem eine Ausweitung der Kampfzone: Sie eröffnet den Blick auf Diskriminierung in allen Bereichen. Etwa in der Sprache. Oder in den Umgangsformen. Hier kommen alle jene Phänomene auf, die unter dem Begriff »Political correctness« (Pc) eine immense – und teilweise problematische – Karriere gemacht haben. Mit der Pc verändert sich der Charakter der gesellschaftlichen Auseinandersetzung: von einem politischen Kampf um rechtliche Gleichstellung hin zu einem »moralischen Reformismus«[75]. Der Fokus des Einspruchs beschränkt sich also nicht mehr auf Ungerechtigkeit, sondern erweitert sich auf Verletzungen. Denn zentral für die Pc ist der Schutz der verletzbaren Identität – jener Identitäten, die als Abweichung von der gesellschaftlichen Norm und in diesem Sinne als negative Identitäten, also als Opfer bestimmt sind.

Zugleich aber trifft das zu schützende Opfer auf den veränderten Status des Opfers in einer Gesellschaft, die nicht mehr von der Jupiterhistorie, sondern von der Antijupiter-, von der Gegenhistorie bestimmt wird. In einer postheroischen Gesellschaft hat das Opfer einen spezifischen Stellenwert.

Deshalb hier ein kurzer Exkurs zum Opfer. Man könnte Gesellschaften danach unterscheiden, welcher Opfer-Begriff für sie prägend ist. Oder genauer gesagt, welches Zeitwort sie damit verbinden: ob *bringen, anerkennen* oder *sein*. So versieht etwa *bringen* das Opfer mit einer positiven Konnotation, wie im Nationalismus. Im Selbstopfer für Gott und Vaterland, bei dem die Opferbringer zugleich Subjekt und Objekt der Opferung sind, behaupten sie sich als Vollmitglieder der Gesellschaft.

In der Nachkriegszeit entstand, wie wir ja gesehen haben, ein ganz anderer, ein positiv besetzter Opfer-Begriff. Nicht das Bringen, sondern der Opferstatus als solcher waren nunmehr ausschlaggebend: Dieser wurde *anerkannt*. Gleichzeitig produzierte die Selbstdeklaration als Opfer, das Einfordern der Anerkennung, zunehmend einen Mehrwert: die Rückgewinnung einer Subjektivität, des Subjekts der Aussage »Ich bin ein Opfer«. Kein Wunder, dass dies zum Königsweg der Emanzipation, vom Feminismus bis zum Antirassismus, wurde. Der Opferstatus wurde zu einem gültigen Identitätskonzept. Daraus folgte, dass Herrscher- und Tätersubjekte zunehmend diskreditiert wurden. Viktimisierung hingegen versprach einen höheren sozialen Prestigegewinn. Bei allen positiven Effekten erfährt diese Opfer-Kultur im Sog ihres Erfolgs aber auch heftigsten Einspruch von unerwarteter Seite.

Eine wachsende Zahl von Jugendlichen konterkariert die Karriere des Opfers mit ihren eigenen Mitteln: Sie haben aus dem »Opfer« ein Schimpfwort gemacht. Ein sehr spezifisches Schimpfwort. »Du Opfer!« hallt es von den Schulhöfen.

Da kommt ein neues Verbum ins Spiel: nicht mehr *bringen* oder *anerkennen*, sondern einfach nur Opfer *sein*. Das erlaubt keinerlei positive Konnotation mehr. Opfer zu sein wird hier zum Schlimmsten: Es ist das, was man nicht sein darf. Diese Umwertung ist aber nicht einfach nur eine Verkehrung der Vorzeichen. Sie weist darüber hinaus auch einige Besonderheiten gegenüber den anderen Opfer-Vorstellungen auf.

Deren auffälligste ist, dass diese Beschimpfung an kein besonderes identitäres Merkmal gebunden ist. Du Idiot! Du Frau! Du Schwarzer! All diese desavouieren den ganzen Menschen ob eines hervorgehobenen, also eines erkennbaren Zugs wie etwa Intelligenz, Geschlecht oder Rasse. Keine dieser Injurien meint den anderen als Opfer. Das inkriminierte Merkmal »rechtfertigt« die Beschimpfung für den Schimpfenden. Der »Nigger« ist kein Opfer für den, der ihn so nennt. Ein Opfer ist unschuldig. Mit ihm müsste man Mitleid haben.

Geht es bei »Du Opfer!« also einfach um das Dschungel-recht des Stärkeren? Das trifft die Sache auch nicht ganz, denn dann wären »Du Verlierer!« oder »Du Schwächling!« gleich-wertige Injurien. Sind sie aber nicht. Denn das »Opfer« ist nicht einmal ein Teilnehmer, ein Konkurrent (der Pech hatte oder zu schwach war). Der als »Opfer« Beschimpfte war niemals auf gleicher Augenhöhe, mit ihm gibt es keine Gemeinsamkeit.

»Du Opfer!« geht über alle Beschimpfungen weit hinaus. Das Opfertum ohne nähere Spezifizierung bedeutet nichts an-deres als eine Zuweisung an die *Stelle* des Opfers schlechthin. Dies ist in dreifacher Hinsicht erschreckend.

Erstens suggeriert es, zum Opfer werde man quasi existen-ziell, durch seine pure Existenz – als gäbe es ein Opfer-Sein. Solch ein Opfer kann sich auf keine Menschenrechte berufen, auf kein umfassendes Mensch-Sein, das es inkludieren würde.

Zweitens gehen diese Jugendlichen wie selbstverständ-lich davon aus, dass es in einer Gesellschaft solch einen Platz gibt: den Platz dessen, der ausgeschlossen werden muss, des-jenigen, der stört, weil er verhindert, dass sich die Gesellschaft »schließt«, dass sie also mit sich ident wird. Nur dann ist der »Opfer« Genannte einer, mit dem man kein Mitleid hat. Nur dann wird der Opferstatus selbst zur Beschimpfung.

Drittens aber scheint es den Jugendlichen ausgemacht, dass der Platz des Opfers Individuen einfach zugewiesen werden kann. Dass es also Instanzen gibt, die darüber »entscheiden«. Der Schimpfende bestimmt, wer ein existenzielles Opfer ist: Du! Diesem erwächst daraus also eine Machtposition, die gleichzeitig die Abwehr des eigenen Opferstatus bedeutet. Der Andere dieses »Opfers« ist nicht notwendig ein Täter, aber in jedem Fall ein Nicht-Opfer, also ein Teil der Gesellschaft – wel-cher auch immer. Man muss dies als Symptom sehen und sich fragen: Was bedeutet es für unsere Gesellschaft, wenn Jugendlichen nur noch das nackte Opfer-Sein als Distinktionsmerkmal bleibt?

In dieser Abwehr des »positiven« Opfer-Begriffs kippt das Opfertum also in das Gegenteil dessen, was es sich in der Nachkriegszeit erobert hatte. Dieses bodenlose Opfertum steht in einer merkwürdigen Gleichzeitigkeit, in einer spiegelverkehrten Parallelität zu einem anderen Kippen des Opfertums – der Opfer-Ermächtigung.

Wir haben in den letzten Jahren gesehen, wie sich die Political correctness überhitzt hat. Wie sie das Feld einer notwendigen, wichtigen Antidiskriminierungspolitik verlassen und in etwas anderes gekippt ist. Die unter dem Schlagwort »campus crazyness« gefassten Phänomene – also jener vorwiegend auf US-amerikanischen Universitäten um sich greifende Irrlauf der Pc mit seinen Stichworten wie dem *safe space*, also dem Anspruch eines geschützten, eines verletzungs-, eines diskriminierungsfreien, eines Schonraums, in dem alle *trigger*, also alle möglichen Auslöser von Verletzung, ausgeräumt und alle *Mikroaggressionen*, also alle kleinen Abwertungen in der Alltagskommunikation, vermieden werden sollten –, all diese Phänomene markieren den Exzess, das Kippen der Pc.

Waren Emotionen ein wichtiger Einspruch, der sichtbar machte, dass Ungerechtigkeiten auch zu Verletzungen führen, die also dazu beitrugen, die Perspektiven zu verändern und die Opferperspektive gesellschaftlich relevant zu machen – so kippt die Berufung auf Emotionen hier in eine höchst gesteigerte Empfindsamkeit. Es ist das Kippen von Gleichheitsvorstellungen in Egoismus, Egozentrik, Narzissmus. Es ist das Kippen der Opfer-Rehabilitierung in den strategischen Vorteil des Opferstatus, aus dem nunmehr Anspruch auf Bevorzugung und moralische Überlegenheit abgeleitet wird. Oder werden kann. Und es ist das Kippen in den kulturellen Separatismus, also der Rückzug in eine schützende Identitätsgruppe, in eine identitäre Bastion.

Und genau an dem Punkt wird deutlich – der Exzess der Pc, deren Kippen ist nichts anderes als eine linke Abwehr der Pluralisierung (bisher haben wir ja nur rechte Formen solcher Abwehr gesehen). Galt für die Unterdrückten, Diskriminierten ein Zwang, eine äußere Zuschreibung zu einem Weniger-Ich, weil die Abweichung von der gesellschaftlichen Norm als Defizit, als Mangel gewertet wurde – so ist Pc der Versuch, diesen »Mangel« auszugleichen. Der Exzess der Pc aber lässt diese Abwehr des Weniger-Subjekts kippen: Mit seinem Verschanzen in der Identität, in den Identitätsenklaven soll ein neuer Typus einer vollen Identität – gerade aus der Abwehr – erlangt werden. Im Exzess kippt die Pc in den Versuch der Rückgewinnung, besser gesagt in den Versuch der Eroberung einer vollen Identität. Dabei wird Identitätspolitik aus einem Einspruch zu einer Identitätsverfestigung.

Man kann diese Bewegung etwa am Status der Frauen – aber auch an jenem von Minderheiten – nachvollziehen: Frauen waren Subjekte, die gesellschaftlich weniger Bedeutung hatten, die also durch eine äußere Zuschreibung zu einem defizitären Ich gemacht wurden. Pc ist der politische Versuch, diesen »Mangel« auf allen gesellschaftlichen Ebenen auszugleichen – ihn also als Mangel zurückzuweisen. Wenn dabei aber die Perspektive auf die gesamte Gesellschaft zurückgeht, wenn sich die Opfer nur noch auf sich selbst fixieren, wenn Frauen also ihr Opfertum nicht zurückweisen, sondern sich darin einrichten, dann beginnt das zu kippen: Dann wird aus einem Einspruch gegen Diskriminierung der Versuch, aus dem Opferstatus eine neue »volle« Identität zu machen: das Paradox einer befestigten, verfestigten, mit sich identen Opferidentität.

Und dennoch muss man hier aufpassen. Man muss ganz klar sagen: Erstens sind Political correctness und Identitätspolitik berechtigte Forderungen nach Ausgleich der zentralen Ungerechtigkeiten in einer pluralisierten Gesellschaft – der Diskriminierung. Pc ist also ein adäquates politisches Vorgehen in solchen Gesellschaften.

Zweitens: Diese berechtigten Auseinandersetzungen generieren teilweise pathologische Auswüchse. Ja, es gibt Pc-Exzesse. Dieser Unterschied zwischen zivilisierend und exzessiv lässt sich an den Ausführungen von Slavoj Žižek deutlich machen. In seinem linken Feldzug gegen die Pc schreibt Žižek immer wieder, dass wir in einer Sackgasse landen, wenn die ungeschriebenen Sitten die alltägliche Interaktion nicht mehr regulieren können. Das Problem beginnt aber gerade dort, wo die alten, »ungeschriebenen Sitten« nicht mehr passen, wo sie den neuen Verhältnissen – etwa der Stellung der Frau – nicht mehr entsprechen oder nicht mehr entsprechen sollen. Dann ist es notwendig, diese »ungeschriebenen Sitten« explizit zu machen. Um sie zu verändern oder anzupassen. Das entspricht der Pc als vernünftiger Regulierung einer pluralisierten Gesellschaft. Wenn es dabei aber zu Dingen kommt, wie etwa geregeltem Sex mit eigenem Vertrag, dann ist das tatsächlich ein Exzess, eine Sackgasse, wie Žižek meint. Das Explizit-Machen der neuen Sitten allein ist das jedoch nicht.

Drittens aber muss man hinzufügen: Status und Ausmaß dieser Exzesse sind völlig ungeklärt. Denn auch die Exzesse werden übertrieben. Es gibt eine exzessive Darstellung der Exzesse – eine Darstellung, die selbst eine Strategie in der Auseinandersetzung ist. Wie weit die Exzesse der Pc real gehen, und wie weit es sich dabei um Karikaturen handelt, die instrumentalisiert werden – all das ist völlig ungeklärt. Und wer soll darüber entscheiden, ob Pc eine vernünftige Einspruchsform mit partiellen Übertretungen – oder das Machtinstrument einer neuen Hegemonie ist? Wer ist hier der Richter?

In jedem Fall ist klar, dass die Auseinandersetzung um die Pc ein anhaltender Streit ist, dessen hochgradige Emotionalität dem jeweiligen Anlass nicht gerecht zu werden scheint. Dieser Streit »mobilisiert immense affektive Energien (…), die sich aus materialistisch erklärbaren Ursachen« kaum hinreichend erklären lassen.[76] Binnen-I. Genderneutrale Toiletten. Frauenquoten. Die Emotionen stehen in keinem Verhältnis zum Anlass. Wie wir aber gesehen haben, ist eine solch hohe, unverhältnismäßige Emotionalisierung der Hinweis darauf, dass der Einsatz der Auseinandersetzung etwas Unteilbares ist.

Wobei man unterscheiden muss – es gibt eine rechte, eine liberale und eine linke Kritik an der Political correctness.

Was die rechte Kritik angeht, muss man sagen: Diese ist nicht irgendein, sondern ein zentrales Unterfangen, eine wesentliche Strategie der heutigen Rechten. Und man muss zugleich festhalten, dass diese Strategie eine raffinierte Konstruktion aufweist.

In jahrelanger Vorarbeit haben die Rechten, die Rechtspopulisten versucht, die Pc zu desavouieren, indem sie sie zu einem großen Phantasma aufbauen. Pc sind da nicht einfach Formen des zivilen Umgangs einer pluralisierten Gesellschaft. Pc wird in der rechten Darstellung vielmehr zum Sprach- und Tugendterror, zu einem autoritären Umerziehungsprogramm, zu einer Diktatur der Minderheitenrechte. Kurzum: Qua Pc lässt sich ein Phantasiegegner konstruieren, der mittels Zensur die Mehrheit unterdrückt. Auch wenn nicht klar ist, wo dieses linke Meinungskartell existiert, wo diese linke Meinungsdiktatur ihren Sitz hat, ihre Hegemonie ausübt – es bedarf keiner Belege, keiner Beweise einer realen Vorherrschaft. Das Phantasma einer Pc-Macht reicht aus.

Zumal dieses Phantasma mittlerweile bequem dort andocken kann, wo die Pc kippt – bei den zunehmenden Exzessen der politischen Korrektheit. Diese desavouieren nicht nur die Pc, sie sind auch ein gefundenes Fressen für die Gegner. Es ist wie bei den realen Problemen und den Vorurteilen, die gleichzeitig auftreten: Wie die realen Probleme nicht die Ursache der Vorurteile, so sind auch die Pc-Exzesse nicht die Ursache der Pc-Ablehnung. Aber diese befördern jene massiv.

Es gibt reale Pc-Exzesse – diese sind ein begrenztes Phänomen im akademischen und künstlerischen Umfeld. Und es gibt eine exzessive Darstellung dieser Exzesse, die dazu dient, den Exzess für das Phänomen zu nehmen. In der rechten Pc-Kritik wird der Exzess »zum Beleg« für die Realität ihres Pc-Gespenstes. Egal, ob dabei nur Karikaturen herauskommen. Und egal, wie widersprüchlich diese Karikaturen sind – nämlich Pc-Menschen, die maßlos überempfindlich und übermächtig zugleich sind.

All das ist egal, denn Pc ist ein Kampfbegriff, der für Populisten eine eminente Funktion hat. Das Phantasma einer Pc-Verschwörung suggeriert, es gäbe starke Kräfte, die diese befördern – das Gespenst einer Pc-Herrschaft, die die Gesellschaft mit Verboten und mit Minderheitenrechten knechtet. Es ermöglicht die Konstruktion eines Gegners, gegen dessen Anmaßungen man auftreten muss.

Es ist die Abwehr dieses selbstkonstruierten Phantasmas einer »linken Meinungsdiktatur«, die es dem Rechtspopulismus ermöglicht hat, den Raum der öffentlichen Rede nachhaltig zu verändern – und zu beschädigen. Er hat diesen Raum für ein Gefühlsgemenge aus Hass, Hysterie und Paranoia geöffnet. Öffnen ist da ein zu schwaches Wort, eigentlich ist es ein Enthemmen. Der Diskursraum wurde enthemmt und dadurch verletzt. Denn der Bereich der öffentlichen Rede ist sehr fragil. Er wird ja durch die Äußerungen, die in ihm getätigt werden, hergestellt. Der Rechtspopulismus hat nicht nur die Grenze des Sagbaren verschoben. Er hat auch der ungehemmten Aggression Tür und Tor geöffnet – er hat dieser eine Bühne geboten, einen Emotionsraum. Der Hass trieft aus den neuen Schlachtfeldern des Internets, den Postings. Längst hat er den Schutz der Nicknames verlassen und tritt unverhohlen mit voller Unterschrift ins Rampenlicht. Er verlässt die Nischen und zieht immer weitere Kreise.

Ermöglicht wurde dies durch eine großangelegte Operation – eine Umcodierung. Erst wenn die Regeln des korrekten Umgangs als moralische Diktatur desavouiert werden, verliert der öffentliche Raum seine zivilisierende Funktion. Wenn allgemeinverbindliche Werthaltungen als »linker Tugendterror« ausgegeben werden, dann darf das Ressentiment öffentlich auftreten. Dann ist irrationaler Hass *erlaubt.*

Genauer gesagt sind solche Aggressionen damit nicht einfach gesellschaftlich *erlaubt* – sie sind vielmehr erlaubt und verboten gleichzeitig. Verboten jedoch nicht in dem Sinne, wie es der rechte Diskurs glauben machen möchte. Kein Sprechverbot, kein Gesinnungsterror, wie der ansteigende Schwall an rassistischer Hetze im öffentlichen Diskurs ja belegt. In der Logik des rechten Diskurses ist das Unsägliche – nämlich alle Arten von Ressentiments –, ist der enthemmte Affekt vielmehr dann »erlaubt«, wenn er als verboten erlebt, oder besser gesagt, wenn er als verboten dargestellt wird. Er ist erlaubt, weil er verboten ist – das ist die Logik der rechten Sprachpolitik. Ebenso wie ihrer Emotionspolitik.

Damit kann man nicht nur die eigenen Ressentiments ungehemmt ausleben. Damit kann man nicht nur den eigenen inkorrekten Hass schamlos öffentlich artikulieren – damit wird dieser Verstoß vielmehr auch noch »legitimiert«. Vorurteile,

Hasspostings sind dann nicht mehr inkorrekt, sondern »gerechtfertigt«. Sie sind, gerade weil sie moralisch inkorrekt sind, »legitimiert« – als politischer Einspruch gegen die angebliche Meinungsdiktatur.

Der Tabubruch wird damit zum politischen Aufbegehren. Das Überschreiten der roten Linie, die die Political correctness als Befestigung des öffentlichen Raums, als Verstärkung gegen dessen Fragilität gezogen hat – dieses Überschreiten phantasiert sich als Befreiungsschlag. Der hasstriefende Poster erlebt sich als aufmüpfig, der rechte Publizist inszeniert seine vielbeklatschten Auswüchse als Heldentat, und der erfolgreiche rechtspopulistische Politiker wirft sich in die Pose des Rebellen und Verfolgten.

Das ermöglicht nicht nur, das Verpönte zu äußern – sondern daraus auch noch einen heroischen Mehrwert zu lukrieren. Jene, die sich von der Pc unterdrückt fühlen, können sich in dieser Enthemmung als verfolgt und heroisch gleichzeitig erleben. Es ist dies ein postheroischer Heroismus, der sich daraus gewinnt, sich selbst als Opfer zu stilisieren – um daraus dann Mehrwert zu generieren.

Kein Wunder, dass diese Strategie vor allem bei weißen Männern greift. Denn diese sind es, die seit den 1960er Jahren einen schleichenden Bedeutungsverlust, eine Infragestellung ihrer Dominanz erfahren haben. Gerade weil sie, die *white heterosexual males*, jene Norm gebildet haben, die alle anderen – Frauen, Homosexuelle, Schwarze und so weiter – zu Abweichungen gemacht hat. Wenn diese sich nun postheroisch-heroisch als »Opfer der Opfer« fühlen, dann ist das die perfekte Übernahme und zugleich Verkehrung der Strategie ihrer Gegner.

Daraus lukriert die raffinierte Anti-Pc-Strategie der Rechten, die Phantasie einer Knechtung der Mehrheit, ihre grundlegendste Funktion: das eigene schlechte Gewissen den Pc-Menschen anzuhängen – es an sie sozusagen auszulagern. Denn ihnen wird angelastet, diejenigen zu sein, die mit ihren absurden Korrektheitsforderungen die alte harmonische Gesellschaft (jene der alten unhinterfragten Mehrheit) verhindern würden. Dem unterliegt das unausgesprochene Phantasma: »Wenn nur die Linke mit ihrer Political Correctness nicht wäre, könnten wir wieder ungestört genießen und wären eine harmonische Gemeinschaft«, so der Psychoanalytiker Fabian Ludwig.[77]

Es ist der nachhaltige Erfolg dieser rechten Anti-Pc-Strategie, der die anderen beiden Pc-Kritiken ausgelöst hat. Diese sind also Reaktionen auf ebendiesen Erfolg.

Eine vielbeachtete Reaktion war der Artikel von Mark Lilla in der *New York Times*[78] – Prototyp der liberalen Reaktion auf den unerwarteten Wahlsieg von Donald Trump. Diese liberale Kritik wurde auch in Europa willig und nachdrücklich aufgenommen – auch wenn sie auf die spezifischen amerikanischen Verhältnisse gemünzt war.

Was war Lillas Argument, was ist der Tenor dieses liberalen Einspruchs? Die liberale Antwort auf die Pluralisierung seit nahezu einer Generation sei, so Lilla, die Forderung, die Differenzen nicht nur zu akzeptieren, sondern sie auch zu feiern. Dies mag zwar moralisch wertvoll sein, als Grundlage demokratischer Politik aber desaströs. Der amerikanische Liberalismus sei von einer »moralischen Panik« in Bezug auf Identitätsfragen erfasst, die die liberale Botschaft entstellt habe: Aus einer vereinenden sei sie zu einer trennenden Kraft geworden.

Denn der identitäre Liberalismus hätte nicht mehr den Einzelnen im Blick – er rufe nur noch Identitätsgruppen an: Afroamerikaner, Latinos, LGBT-Menschen (Lesben, Schwule, Bisexuelle und Transgender), Frauen und so weiter. Aber diese

194

Fixierung auf Diversität hätte eine Generation von liberalen, selbstbezogenen, egozentrischen Narzissten hervorgebracht. Und dieser identitäre Narzissmus sei schuld am Versagen der progressiven Kräfte. Denn er habe das Gemeinschaftliche der nationalen Politik zugunsten der Differenzen aufgegeben. So Lilla. Anders gesagt – der Liberalismus selbst sei schuld am illiberalen Backlash, den er erfahre. Noch anders gesagt – der Liberalismus sei selbst illiberal geworden. Es gelte nun, diesen Irrweg zu verlassen und den Ausweg eines post-identitären Liberalismus von Staatsbürgern mit Gemeinwohlinteresse zu befördern.

Lillas Argumentation wurde in Europa nicht nur bereitwillig aufgenommen – sie wurde auch scharf und kontrovers diskutiert. So merkten Lillas Kritiker an, dass es sich um Identitätspolitik von Unterdrückten handle. Die Diskriminierung von Schwarzen etwa oder von Frauen seien keine Luxussorgen. Lilla sei blind für solche Marginalisierungen. Auch ginge es nicht darum, die Diversität zu feiern, sondern Rechte für jene zu erkämpfen, denen diese vorenthalten werden. Identitätspolitik gleiche also nur Unfaires aus. Insofern sei der Kampf um Teilhabe nicht partikularistisch. Identitätspolitik sei nicht einfach partikulare Interessenpolitik, sondern vielmehr ein erweiterter, ein neuer Universalismus.

Das Interessante an diesem Diskurs ist, dass beide Seiten gewissermaßen aneinander vorbeireden. Denn Lilla bezieht seine Kritik auf die Phänomene der »campus crazyness«, auf den Identitäts-, den Pc-Exzess, dem er für die USA eine überbordende Präsenz attestiert. Seine Kritiker hingegen beziehen sich auf das Phänomen selbst, also auf die vernünftige Identitätspolitik, auf die zivilisierte Pc. Das liegt zum einen daran, dass der Identitäts- und Pc-Exzess vorwiegend ein amerikanisches Phänomen ist. Er treibt zwar auch in Europa Blüten – aber nur in sehr beschränktem Maße. Und selbst in den USA ist der Status der Exzesse keineswegs eindeutig bestimmt. Lilla übernimmt hier den rechten Diskurs der Pc-Abwehr, übernimmt dessen Aufblähung des Phänomens – er nimmt die »Herrschaft« des Exzesses beim rechten Wort und entsorgt damit auch das vernünftige Phänomen.

Auch Lillas Kritik hat eine spezifische Funktion: die Auslagerung dessen, was die Harmonie einer liberalen Gesellschaft, deren gesamtgesellschaftliche Durchsetzung verhindert, in die Phantasie einer umfassenden Identitätspanik und eine Herrschaft der Diversitätsverliebten. Lillas Kritik unterliegt also die unausgesprochene Vorstellung: Wenn nur die Pc-Fanatiker nicht wären, dann wären wir eine geeinte Bürgergesellschaft, eine Gesellschaft von universellen Citoyens.

Er übersieht dabei, dass der universelle Liberalismus, der den identitären Liberalismus in seinen Augen ablösen soll, ebenjener war, der die Pc, der die Identitätspolitik erst nötig gemacht hat. Es ist nicht die Identitätspolitik, die den Liberalismus verhindert. Es war vielmehr das Versagen des liberalen Versprechens, für alle zu gelten, welches die Identitätspolitik erst auf den Plan gerufen hat. Lilla übersieht den blinden Fleck des Liberalismus, dessen behaupteter Universalismus einstmals tatsächlich nur die Befestigung einer männlichen, weißen, heterosexuellen Norm war. Es war dies ein Liberalismus für eine homogene Gesellschaft und deren Subjektivität – ein Liberalismus für den ersten Individualismus. Identitätspolitik und Pc hingegen sind – diesseits des Exzesses – politische Strategien einer pluralisierten Gesellschaft.

Bevor wir uns der dritten, der linken Kritik an der Pc zuwenden, gilt es noch, eine ganz andere Sichtweise auf den Erfolg des amerikanischen Populismus in Betracht zu ziehen. Statt

Trumps Wahlsieg als Reaktion auf überbordende Identitätspolitik zu verstehen, sollte man Trump einmal in Bezug auf seinen Vorgänger betrachten: den ersten schwarzen Präsidenten der USA – Barack Obama. Auch wenn es auf ersten Blick so scheinen mag, als sei Obamas Wahl der Inbegriff, der ultimative Sieg der Identitätspolitik gewesen, so muss man in der Rückbesinnung gerade diese Lesart zurückweisen. Denn es war Obama selbst, der noch vor seiner Wahl alle gängigen Vorstellungen von Identitätspolitik erschüttert hat – indem er sich eben nicht als Vertreter seiner persönlichen, partikularen Identitäten präsentiert hat. Er hat alle eindeutigen Zuschreibungen, was er sein sollte, zurückgewiesen. Er hat die vorgefertigten Vorstellungen von dem, was ein Schwarzer ist, überschritten. Negativ äußert sich das in den vielzitierten Vorwürfen, er sei nicht schwarz genug. Er hat – ganz auf der Höhe der politischen Philosophie – versucht, die Bedeutung einer politischen Identität nicht als vorgefertigte zu verstehen, sondern sie in der jeweiligen historischen Situation neu zu bestimmen und zu artikulieren.

Dies bedeutete einen großen und nachhaltigen Angriff auf das 68er-Setting – auf den zweiten Individualismus. Obama umging die Identitätsfalle, bevor sie zuschnappte und ihn auf eine bestimmte, partikulare Position festnagelte. Das ist das Spezifikum, das die Rede von einer »Obama-Generation« bestimmt hat: Politiker, die schwarz sein mögen – aber keine schwarzen Politiker sind.

Dem entsprechend ist deren Politik auch post-antirassistisch. Sie bewegen sich jenseits von Special-Interest-Fragen und geben damit ihrer Politik ein ganz anderes Ziel vor als die sogenannten Babyboomer, die Kinder der Bürgerrechts- und Frauenbewegung des zweiten Individualismus: Sie möchten alle repräsentieren. Das heißt, sie betreiben eine post-partisanenhafte Politik, die nicht auf Feindschaft und Abgrenzung beruht. Sie machen keinen Gegner aus, legen keine Demarkationslinien fest. Ihre Erfahrung ist nicht die der Straßenschlacht. Sie betreiben Politik nicht als gesellschaftlichen Krieg, wie Foucault den Diskurs der Gegenhistorie genannt hat. Statt einer Spaltung beschwören sie eine Politik der Einheit.

Entscheidend aber ist, worin diese »Einheit« besteht. Wie definiert sie sich: als allgemein menschliche Einheit, als Einheit eines Volkes oder als Einheit einer Nation? Der Versuch der »Obama-Generation« zielte darauf, eine politische Einheit zu konzipieren, die die unterschiedlichen Partikularismen, die einzelnen Identitäten weder auflöst (wie im Liberalismus des ersten Individualismus) noch trennt (wie im Separatismus des zweiten Individualismus), sondern vielmehr verbindet. Die Nation sollte zur Einheit, zur Verbindung der Unterschiede werden – so lautet Obamas Neudefinition des amerikanischen Traums.

Es war dies ein Gesellschaftskonzept, das dem dritten Individualismus angemessen war. Genauer gesagt, es war die Verwandlung des dritten Individualismus aus einem Faktum in ein Konzept. Und es war diese Vorstellung von Politik, dieser Versuch eines neuen Universalismus des 21. Jahrhunderts, einer neue Identität, jenseits von schwarz und weiß, die mit der Wahl Donald Trumps abgewehrt wurde. Mit dessen Wahl ist eine alte Identität wieder auf den Plan getreten.

Genau in diese Kerbe schlägt nun die linke Pc-Kritik. Diese Kritik hat zwei Stoßrichtungen: Da ist zum einen die emphatische Wiederentdeckung des Klassenkampfs. Dieser wird gehandhabt wie die Wiederkehr eines Verdrängten. Zum anderen aber geht diese Rückbesinnung auf den Klassenkampf heute Hand in Hand mit einer Denunzierung von Political correctness und Identitätspolitik. Diese hätten die Oberhand gewonnen. Diese seien schuld daran, dass man, dass die Linke den Klassenkampf, also den *richtigen*, aus den Augen verloren hätte. Die Anschuldigungen gegen Pc und Identitätspolitik reichen von »individualisierendem Moralismus« bis hin zu »Feigenblatt des Neoliberalismus« – als wäre das Zugeständnis von gesellschaftlichen Freiheiten nur jenes ideologische Zuckerbrot, jene Ruhigstellung, hinter der die Ausbeutung ungeniert vorangetrieben werden könne. Damit übernimmt die Linke aber die populistische »Argumentation«: Liberale Kultur sei ein Elitenprojekt, das sich gegen die Arbeiter richte. Oder Diversität und Multikulturalismus seien die Ideologie einer Klasse. Ebenso wie die Behauptung, Toleranz sei eine Ideologie der Macht, eine Ideologie der liberalen Eliten, die daraus eine moralische Überlegenheit generieren. Differenzierter ist da schon der Vorwurf, »Weltoffenheit sei zu einem Distinktionsmerkmal« geworden.[79]

Der zentrale Fokus der linken Pc-Kritik aber ist der Vorwurf, die Linke sei in die Falle der Identitätspolitik gegangen. Eine verirrte Linke sei in den Kulturkampf gezogen und habe darüber den eigentlichen Klassenkampf vernachlässigt. Die Linke habe die soziale Frage vergessen. So der verbreitete Tenor.

Der Vorwurf beruht auf der strikten Unterscheidung zwischen Kultur- und Klassenkampf und auf deren Hierarchisierung: Ökonomische Ausbeutung sei relevanter als kulturelle Diskriminierung. An dieser Unterscheidung gilt es anzusetzen, diese gilt es zu hinterfragen. Denn diese Darstellung ist die Wiederaufnahme einer alten Entgegensetzung – jener von Basis und Überbau, von Ökonomie und Ideologie: harte Fakten gegen weiches Imaginäres.

Zum einen unterschlägt diese Entgegensetzung jedoch, dass wir es heute mit zwei Formen der Ungleichheit zu tun haben. Mit der »alten« ökonomischen Ungleichheit, die die weiße

Arbeiterklasse und den weißen Mittelstand betrifft. (Aber natürlich nicht nur sie.) Und mit der »neuen« Ungleichheit, der Ungleichheit der pluralisierten Gesellschaft, die die Diskriminierung einzelner Gruppen und Minderheiten bedeutet – ein ebenso realer Ausschluss wie der andere mit ebensolchen, ökonomischen, Folgen. Antidiskriminierung ist also nicht einfach ein Kulturkampf.

Zum anderen unterschlägt die linke Pc-Kritik mit dieser Entgegensetzung etwas ganz Grundlegendes: die Verwobenheit von dem, was hier so schroff getrennt wird. Es ist wie bei der Unterscheidung zwischen teilbaren und unteilbaren Konflikten, wo sich gezeigt hat, dass diese als strikter Gegensatz nicht aufrechtzuerhalten ist. So wie jeder Konflikt teilbare und unteilbare Momente hat, so sind auch Identitäts- und Klassenfragen nicht fein säuberlich zu trennen. Anders gesagt: Identitätsfragen *sind* Klassenfragen, weil ökonomische Ausbeutung und kulturelle, identitäre Diskriminierung sich zwar nicht decken, aber Hand in Hand gehen. Insofern ist Antidiskriminierung kein Irrweg: Identitätspolitik *ist* Teil der sozialen Frage.

Man muss hinzufügen: Die Linke wusste das früher. Und die heutige Spaltung der Linken in eine Pro-Pc und eine Contra-Pc-Fraktion, in eine Klassenkampf- und eine »Kulturkampf«-Fraktion ist Folge eines Vergessens, eines Verdrängens dieses Wissens. Denn die soziale Frage war nie rein materiell. Die soziale Frage aufwerfen hieß früher, nicht nur von Zahlen zu sprechen. Die soziale Frage war einstmals vielmehr mit einem Identitätsangebot verbunden. Klassenfragen waren auch Identitätsfragen. So ging es nicht einfach darum, Sozialleistungen zu empfangen, sondern Anspruch darauf zu haben. Sozialstaat, Umverteilung hieß einstmals nicht, Leute zu Almosenempfängern zu machen – sondern zu Bürgern mit Rechten, mit Stolz und mit gesellschaftlicher Anerkennung. Linke, sozialdemokratische Politik bedeutete einstmals materielle *und* symbolische Inklusion in die Gesellschaft.

Später aber ist diese Lektion in Vergessenheit geraten. Danach hat sich – wie bereits erwähnt – vornehmlich die Sozialdemokratie gänzlich im Teilbaren eingerichtet.

Und wenn heute der linke Vorwurf kommt, die Linke habe den Klassenkampf und die soziale Frage vergessen, dann muss man diesem Vorwurf ganz entschieden entgegenhalten: Es ist nicht die materielle Dimension, die die Linke vergessen hat, es ist vielmehr die Identität, die daran gebunden war, die Identität, die sie damit befördert hat – diese ist in Vergessenheit geraten. Das ist es, was die linke Kritik an der Political correctness übersieht, die die Rückkehr zum Klassenkampf fordert. Das ist aber zentral.

Denn es ist genau das, was der Populismus aufgenommen hat: die verdrängte linke Identität! Das ist es, was im Populismus in entstellter Form wiederkehrt. Der Erfolg des rechten Populismus ist nicht an die Rückkehr der sozialen Frage gebunden. Deshalb kann der Einspruch gegen den Populismus auch nicht einfach in der Rückbesinnung auf die soziale Frage liegen. Der rechte Populismus hat vielmehr und in erster Linie das verlorene Identitätsmoment wiederaufgenommen – und nicht die ökonomische Ausbeutung. Und dieses verdrängte Moment des Unteilbaren kehrt hier in entstellter Form zurück: als Kränkung des weißen Mannes.

Wer aber sind diese weißen Männer, diese Bastion der Populisten allerorts – auch hierzulande? Die Einschätzungen der Kommentatoren schwanken: Mal sind dies die sozial und ökonomisch Abgehängten, mal sind es jene, die sich abgehängt fühlen. Sind sie nun real abgehängt oder nur gefühlt? Sind es die Arbeitslosen, die ökonomisch Perspektivlosen, also die real Deklassierten? Oder sind es jene, die sich abgehängt und nicht repräsentiert fühlen? Geht es also um ein reales Leiden oder um eine imaginäre Kränkung? Es trifft wohl beides zu. Und kann sich auch noch verbinden. Es gibt wohl kaum Verlierer ohne Kränkung. Aber es gibt sehr wohl Gekränkte ohne reale Verluste. In jedem Fall aber ist es das Gefühl, das die Sache so schwierig macht.

Ginge es »nur« um eine reale ökonomische Ungleichheit, dann wäre die Lösung des Problems zwar nicht einfach, aber zumindest eindeutig. Es bräuchte Beschäftigungsprogramme, Umverteilungskonzepte, Konjunkturförderungen. Ein breites Feld für solide Realpolitik. Die gefühlte Ungleichheit, die Kränkung, verhindert aber solche Lösungen.

Denn diese Männer erleben sich ja als angegriffen, und das in mehrfacher Hinsicht – real und imaginär gleichzeitig. Da sind die Eliten, die sie real abhängen, indem die Differenz zwischen Arm und Reich jegliches gesellschaftstaugliche Maß verliert. Ebenso müssen aber weniger gebildete Männer tatsächlich um ihren gesellschaftlichen Status fürchten angesichts einer immer breiteren gebildeten Mittelschicht. Es ist dies der Backlash, die dialektische Volte, die nicht das Scheitern, sondern paradoxerweise die Erfüllung des linken Bildungsversprechens mit sich gebracht hat.

Ein Beispiel für solch eine Erfolgsgeschichte und deren dialektische Effekte sind die sogenannten K-Gruppen. Von den 1960er bis in die 1990er Jahre – das war die Zeit dieser kommunistischen Gruppen, die sich in allen ideologischen Schattierungen an den Universitäten etablierten. Es war die Zeit, als die kommunistischen Parteien mehr oder weniger schnell an Bedeutung verloren – nicht zuletzt, weil sie nicht fähig waren, neue linke Strömungen aufzunehmen – und die Sozialdemokraten sich (etwas später) langsam aufgemacht haben, ihren Weg in die Mitte anzutreten. In dieser Konjunktur stand eine stark links orientierte Studentenschaft ohne adäquate politische Institutionen da. Das war die Stunde der K-Gruppen. Sie haben Generationen von Studenten begleitet und geprägt. Und die Funktion, die sie erfüllten, war eine erstaunliche.

In den K-Gruppen tummelten sich hauptsächlich Bürger- und Kleinbürgerkinder – eben die paradoxe Folge sozialdemokratischer Bildungspolitik, die diesen den Zugang zu den Universitäten eröffnete. In den K-Gruppen aber haben sich diese von ihren Herkunftsmilieus gelöst. Hier haben sie die Logik, die Selbstverständlichkeit, den Horizont ihrer Klasse überschritten. Wenn Didier Eribon schreibt, sein jugendlicher, studentischer Marxismus sei das Instrument seiner »sozialen Desintegration« gewesen, dann ist das Arbeiterkind Eribon hier die paradoxe Ausnahme von dem, was für Bürgerkinder an den Universitäten – nicht minder paradox – die Regel war. War Marx lesen für Arbeiterkinder der Eintritt in die Welt der Privilegien, so war dieselbe Lektüre für Bürgerkinder das Mittel der Desintegration gegenüber der eigenen Herkunft ebenso wie das Mittel der Distinktion gegen nicht-linke Kommilitonen.

Marx lesen (oder Lenin, Trotzki, Mao je nach Ausrichtung), diese kollektive Lektüre (so etwas las man nicht im einsamen Elfenbeinturm), die Praxis der K-Gruppen (auch ihre Rivalitäten untereinander) – all das war wie das Nachspielen von Meisterpartien beim Schach. Aber all das trug auch zur Entwicklung einer eigenen linken Kultur bei. Einer Kultur, die sich »am Mythos des proletarischen Aufstands berauschte«[80]. Einer Kultur, die geleitet war von Bildern – wie jenen, die anlässlich von Fidel Castros Tod wieder durch die Medien geisterten. »Bilder der Fülle« (wie Charles Taylor sie in ganz anderem Zusammenhang nannte), Bilder vom schönen, vom guten Aufstand und Bilder von der Intensität des Lebens. Diese linke Kultur der

K-Gruppen mit ihren Mystifizierungen hat die linke Theorie gewissermaßen gentrizifiziert. Würde man das heute als kulturelle Aneignung bezeichnen – oder als politische?

Aber die K-Gruppen haben auch ganz unmystisch ihre neugewonnenen Linken eingespeist – erst in die akademische und von da aus in die gesellschaftliche Umlaufbahn. Allerdings nicht als organisch mit dem Proletariat verbundene Intellektuelle, wie sie Gramsci vorschwebten, sondern an diametral entgegengesetzten ökonomischen und gesellschaftlichen Plätzen. Die K-Gruppen haben die renitenten Bürger- und Kleinbürgerkinder verändert. Sie haben deren Renitenz in eine Produktivkraft verwandelt. So haben oft die größten Linken die größten Karrieren gemacht. Die Funktion der K-Gruppen war also Renitenzbewirtschaftung.

Die K-Gruppen haben eine bürgerliche Linke erzeugt. Eine linke Theorie, eine linke Kultur, eine Politik – eine Linke, deren Träger renitente Bürgerkinder waren. Links sein ist mittels der K-Gruppen zu einem (post-)bürgerlichen Phänomen geworden. Diese Funktion wirkte an den Universitäten noch lange nach – weit über die Blütezeit und weit über die Mitglieder der K-Gruppen hinaus.

Man sollte sich das in Erinnerung rufen, wenn man sich heute auf die Suche nach dem verlorenen Proletariat macht. Wenn man heute dieses Proletariat als Trump-, Front-National- oder FPÖ-Wähler wiederfindet. Wenn heute der Soziologe Didier Eribon – zu Recht – gefeiert wird, und diese Feier zwar auch seiner Hellsichtigkeit, seiner analytischen Schärfe, seinem Mut gilt – aber ebenso dem Umstand, dass das ehemalige Arbeiterkind Eribon Ethnologe und ethnologisches Objekt zugleich ist.

Dieses gesuchte Proletariat erlebt noch eine weitere Kränkung durch eine weitere Veränderung – jene der Arbeit. Die

Verwandlung der Arbeit ist technologisch und ökonomisch bestimmt – aber sie hat eminente Auswirkungen auf das Selbstverständnis des Arbeiters. Arbeit wurde ja als das grundlegende, weil produktive Moment der Gesellschaft verstanden. Von daher erhielt auch der Arbeiter, also der Proletarier, seine gesellschaftliche Bedeutung. Er war es, der den Austausch mit der Natur vollzog. Er war es, der die produktive Tätigkeit verrichtete. Ihm wurde gerade aus diesem positiven Verständnis der Arbeit heraus überhaupt eine politische Rolle, eine gesellschaftliche Funktion zugesprochen – eine Rolle, die ihm aufgrund der Machtverhältnisse, eine Funktion, die ihm aufgrund der Eigentumsverhältnisse eben nicht zukam. Das heißt, diese Emphase, dieser Nachdruck auf einem positiven Verständnis von Arbeit haben den Proletarier erst mit jenem versehen, was ihn zu einem politischen Akteur gemacht hat. Der Arbeitsdiskurs war also ein Ermächtigungsdiskurs. Man denke nur an Parolen wie: »Alle Räder stehen still, wenn unser starker Arm es will.« Und hier liegt auch die Crux dieses Konzepts für heutige politische Diskurse. Denn die Produktionsarbeit hat diesen Stellenwert längst verloren. Es kann heute, in Zeiten von Digitalisierung und Robotisierung, kaum mehr einen Ermächtigungsdiskurs geben, der sich aus der produktiven Arbeit herleitet. Das ist das Manko, mit dem alle linken Diskurse zu kämpfen haben. Und das ist die Leerstelle, die der rechte Populismus auszufüllen anbietet – indem er eine Ermächtigung vorgibt, die eben nicht mehr auf Arbeit oder Leistung beruht, sondern nur auf dem passiven Ereignis der Geburt und der nationalen Zugehörigkeit. Das ist der rechte »Klassenkampf« – eine Verschiebung, in der der Proletarier verschwindet und als weißer Franzose, als weißer Deutscher, als weißer Österreicher, als weißer Mann wiederkehrt.

Wir sind damit aber noch nicht am Ende der Kränkungserfahrungen dieses weißen Mannes angelangt. Neben Bildung, Arbeit und »Eliten« – und seien es die eigenen Kinder – erleben diese noch einen wesentlichen Bedeutungsverlust aus der entgegengesetzten Richtung: nicht nur durch die Mächtigen, sondern auch durch die Opfer. Denn die vielleicht krasseste Infragestellung der eigenen Identität erfährt der weiße Mann durch Minderheiten aller Art. Durch jene Minderheiten, die seiner (alten) Logik gemäß statusmäßig unter ihm stehen sollten, die sich der (neuen) Logik nach aber gerade über ihren Opferstatus behaupten. Gefühlt gegen ihn. Die Political correctness erscheint diesen weißen Männern als jene Verkehrung der gesellschaftlichen Hierarchie, die ihnen neben ihren ökonomischen Verlusten auch noch ihre kulturelle Hegemonie und ihr Selbstwertgefühl genommen, die sie ihrer narrativen Autorität beraubt hat. Sie können sich Frauen, Schwarzen, Fremden, Homosexuellen gegenüber nicht mehr souverän, nicht mehr überlegen fühlen. Nicht nur in ökonomischer Hinsicht stehen sie ganz unten, sondern auch in der gesellschaftlichen Achtung – wenn diese sich nunmehr über den Opferstatus bestimmt. Denn weiße Männer sind jene Gruppe, die in dieser Ordnung keinen Anspruch auf den Opferstatus hat. Selbst für ökonomisch ausgebeutete und kulturell abgehängte weiße Männer ist dieser schwierig zu behaupten.

Deshalb ist in dieser männlichen Schicht die gesamte Palette von Vorurteilen so verbreitet: von frauenfeindlich bis xenophob. Und deshalb greifen Konzepte einer Allianz der Abgehängten nicht. Denn diese anderen, ob Frauen, Fremde oder Schwule, sind ja in der Perspektive der weißen Männer mit schuld an ihrem Elend. Da kann es keine verbindende Kategorie geben, die sie vereinen könnte. Für sie gibt es keine Ermächtigung über die Opfer-Erzählung – ebenso wenig wie über die

Sieger-Erzählung. Ihr Misstrauen gegen das politische System ist somit doppelt erschüttert. Deshalb finden sie sich nur in jenen wieder, die ihre Männlichkeit sowohl nach unten als auch nach oben »wiederherzustellen« versprechen – in jenen also, die das politische und gesellschaftliche System chaotisieren, in den Trumps dieser Welt.

Es gibt einen Backlash gegen die Liberalisierung der Gesellschaft. Es gibt einen Rechtsruck vornehmlich bei weißen Männern. Dieser ist aber *nicht* das Resultat einer verfehlten Sozialpolitik, sondern vielmehr das Resultat einer Vernachlässigung ihrer Identitäts-, ihrer Statusfrage. Er ist nicht die Folge einer rein ökonomischen, sondern einer kulturellen Entfremdung. Und in diesem Sinne ist er die Folge von Versagen und von Erfüllung des linken Versprechens gleichzeitig.

Der rechte Populismus hat genau dieses Defizit aufgegriffen. Er operiert an der Identitätsfront – beziehungsweise sein Erfolg ist die Eröffnung einer solchen Identitätsfront, an der er jene versammeln kann, die hier ihre Kränkungen ausleben können. Die hier das Umschlagen ihrer Kränkung in Rassismus als weiße Identitätspolitik ausleben können. Denn der Populismus liefert ihnen einen neuen Ermächtigungsdiskurs – bei dem der Anti-Pc-Konsens zur Rückeroberung der Hegemonie (wie phantasiert diese auch sein mag) zentral ist.

Die linke Pc-Kritik, die jetzt die Rückkehr zum Klassenkampf verlangt, übersieht aber, dass sich das Problem einer mangelnden Anerkennung nicht »mit etwas Sozialgeld lösen lässt«[81]. Diese Pc-Abwehr von links, die Rückbesinnung auf den weißen Mann, funktioniert paradoxerweise wie der Pc-Exzess: als linke Abwehr der Pluralisierung, als linke Identitätsverfestigung. Gleichzeitig aber ist dies die Erneuerung eines Vergessens – jenes der Lektion, dass Klassenkampf immer bedeutet, Teilbares und Unteilbares zugleich zu erkämpfen. Die Funktion dieser Kritik, der Mehrwert, den sie generiert, ist eindeutig: Die linke Pc-Kritik soll die verlorene Phantasie eines lupenreinen Klassenkampfs, die Phantasie einer geeinten Linken retten: »Wenn nur die politisch Korrekten nicht wären, dann wären wir eine geschlossene Linke.«[82]

Was bedeutet es also, wenn linke Pc-Kritik jetzt Klassenkampf statt Identitätspolitik fordert? Was schwebt ihr da vor, welches Bild? Ein linker Klassenkampf weißer Männer? Klingt nicht nach einem Ausweg für die Probleme einer pluralisierten Gesellschaft.

Natürlich kann man auch ein anderes Bild des Klassenkampfs entwerfen – das Bild eines »revolutionären Subjekts«, das sich zum Beispiel aus Ungerechtigkeitserfahrungen speist. Das wäre ein Klassenkampf, der die Identitätsfrage überschreitet, transzendiert, indem er ein anderes verbindendes Konzept als das nationale, eine andere einigende Erzählung als die ethnische, ein neues Gesellschaftskonzept bereitstellt. Aber dies wäre ein Klassenkampf für den ersten Individualismus einer relativ homogenen Gesellschaft. Das ist nicht nur irreal, es ist auch fraglich, ob das heute noch greifen könnte.

Aber auch die Allianzen unterschiedlicher sozialer Gruppen und Bewegungen, wie sie dem zweiten Individualismus vorschwebten, sind heute kaum mehr denkbar. Es gibt keine Vorstellung eines gemeinsamen Ganzen, einer einzigen Gegenhistorie, die die Identitäten in einem gemeinsamen Kampf verbindet. Wir haben es vielmehr mit einer Vielzahl von Gegenhistorien zu tun. Ebenso wenig wie ein Klassenkampf jenseits der Identitätsfrage ist ein einheitlicher, gemeinsamer Klassenkampf der vielen Identitäten möglich.

Und hier muss man einen Punkt festhalten: Die leitende Vorstellung von Pc und Identitätspolitik ist die Inklusion – also das Szenario, bestehende Exklusionen durch aktive Inklusionen aufzuheben. Das ist zwar eine (notwendige) Strategie, um die Ungerechtigkeiten einer pluralisierten Gesellschaft zu bekämpfen. Aber es ist zugleich auch eine begrenzte Strategie und kein gesamtgesellschaftliches Konzept. Pc und Identitätspolitik stellen keine wirkliche gesellschaftliche Utopie bereit. Zumal wenn man Inklusion als Einschluss »vorgängiger Identitäten« versteht[83] – als jene Identitätsverfestigung also, die reaktiv ist und die Dynamik der pluralisierten Gesellschaft abwehrt und die Bewegung des dritten Individualismus verkennt.

Trotzdem aber ist Klassenkampf jenseits der Identitätsfrage heute weniger möglich denn je. Dies ist nichts weniger als die inhärente Widersprüchlichkeit linker Politik heute.

Das Bild der Gesellschaft hingegen, das Mark Lilla vorschwebt, das Bild des Liberalismus, steht in krassem Gegensatz zu jenem negativen Bild, das er vom Ist-Zustand zeichnet. Lilla skizziert als positives Bild die Versammlung der Citoyens beim Singen der Nationalhymne, die der Anrufung als Amerikaner (also einer Anrufung unter Absehung von ihrer partikularen Identität) folgen – die Verbindung der durch Abstraktion Ähnlichen.

Dieser Vorstellung hält er sein negatives Bild entgegen: das Exzess-Bild (weil er ja nur den Exzess im Blick hat) der Gesellschaft als eines *safe space*, bevölkert von »Elementarteilchen mit Smartphones«[84], vereinzelten Monaden, die »gelegenheitstribalistisch« sind – gelegenheitstribalistisch ist das Wort, um den Widerspruch zwischen den vom ihm so kritisierten überbordenden Gruppenidentitäten und der von ihm ebenso kritisierten Vereinzelung der Monaden zusammenzubekommen. Genau das sei, so Lilla, der heutige Individualismus, der ethnisch und nicht staatsbürgerlich bestimmt sei.

Das Problem an diesem Gegensatz ist, dass alles daran schief ist. Sein positives Bild einer Versammlung der Citoyens übergeht, dass diese Abstraktion bereits früher, bereits zu Zeiten des ersten Individualismus (wohin es sich zurückträumt) nicht rein abstrakt war. Die Abstraktion der Demokratie war, wie wir ganz am Beginn gesehen haben, begleitet von einer Gestalt – jener der Nation –, die die Vorstellung einer Gesellschaft der abstrakt Gleichen immer mit der Vorstellung einer Gesellschaft der Ähnlichen begleitet hat. Ein Individualismus, zu dem eine pluralisierte Gesellschaft nicht einfach zurückkann.

Lillas negatives Bild aber gilt es, noch schärfer zu korrigieren. Denn die Vorstellung, die Gesellschaft sei zu einem umfassenden *safe space* mutiert, ist ein Phantasma. Wenn man aber dieses Phantasma verlässt, wenn man also den Exzess der Political correctness auf jenen Platz beschränkt, wo er stattfindet, dann ergibt sich ein ganz anderes Bild der Gesellschaft – nämlich das bereits beschriebene Bild, die Metapher der Begegnungszone. Angelehnt an die Verkehrsberuhigung ist die Begegnungszone, wie wir gesehen haben, das gesellschaftliche Konzept eines gleichberechtigten Miteinanders unterschiedlicher Teilnehmer – eine Gesellschaftsberuhigung also, wo die Begegnung sich gerade durch die Unterschiede reguliert. An der Begegnungszone wird deutlich, dass Lillas Monaden keine Monaden – also gegeneinander abgeschlossene Entitäten – sind, sondern dass sich diese Verschiedenen sehr wohl affizieren. In ihrem Zusammentreffen, in ihrer Begegnung, in dem, worin eben die Pluralisierung der Gesellschaft besteht, kommt das Weniger, das Minus zum Tragen, das jeden Einzelnen betrifft. Denn die Einzelnen sind ja in ihrem Innersten geprägt von der Pluralisierung – eben durch das Weniger, den Abzug von ihrer Identität. Es ist keine positive Citoyengestalt, es ist dieses Minus, das sie *verbindet.*

An dieser Stelle muss man den Unterschied zwischen der Abstraktion (des alten Citoyens) und dem Minus (des pluralisierten Bürgers) deutlich machen. Die Abstraktion von den besonderen Identitäten, von den jeweiligen partikularen Bestimmungen war der Versuch, die Ähnlichkeit auf der nicht partikularen Ebene der Nation wiederherzustellen (mit allen positiven Effekten, aber auch mit allen Schattenseiten). Das Minus hingegen, das uns heute prägt, ist von keiner Ähnlichkeit mehr bestimmt. Es ist weder eine Feier der Differenz, wie Lillas Monaden – also ein Beharren auf partikularistischen, substanziell missverstandenen Identitäten –, noch eine Verbindung der Ähnlichen: Es ist vielmehr nur eine Begegnung, eine Verbindung der Unterschiede. Was aber ist diese Begegnung, diese Verbindung?

Zunächst einmal ist es eine äußerst nüchterne Verbindung, die die Menschen in dieser Begegnungszone – bestenfalls – »zu freien und gleichen Mitbewohnern eines notwendig geteilten sozialen Raums (macht), wo alle unter Motivationsdruck stehen, sich auf die fairen Regeln des Zusammenlebens zu einigen«[85] – so skizziert Jan-Werner Müller nicht die Begegnungszone, sondern den Verfassungspatriotismus. Damit ist eine notwendige, aber noch keine hinreichende Bedingung der Begegnungszone benannt.

Denn das Spezifikum der Begegnungszone besteht in den Folgen, die diese nüchterne Verbindung für uns alle hat. Die Begegnung, die Verbindung mit Nicht-Ähnlichen bewirkt etwas – sie macht uns nicht alle gleich, aber sie relativiert die Unterschiede aneinander. Sie macht deutlich, ja mehr noch, sie macht unmittelbar erfahrbar, dass die Besonderheit des Einzelnen, aller Einzelnen sich nicht absolut setzen kann, da sie immer *neben* anderen Besonderheiten bestehen muss. Die »Verbindung« der Unterschiede, deren Begegnung belässt unsere verschiedenen Identitäten in ihrer Verschiedenheit – aber sie reduziert deren Geltung. Für jeden von uns.

In der Begegnungszone der pluralisierten Gesellschaft zirkulieren also nicht Verfassungspatrioten mit eindeutigen, sondern Menschen mit eingehegten Identitäten. Diese sind weder abstrakte Citoyens – dazu sind sie zu konkret in ihren Unterschieden – noch substanziell abgeschottete Monaden mit Smartphones – dazu sind sie durch ihr Aufeinandertreffen zu sehr verändert. Man könnte sagen, in der Begegnungszone erfahren sich die Leute als das, was sie sind, plus einem Minus. Plus dem Minus, das ihre Identität durch jene der anderen eingrenzt. Wir müssen Gesellschaft völlig neu denken – als eine neue Art von Ganzem, das nicht in einem positiven Gemeinsamen, sondern vielmehr in einem negativen Gemeinsamen besteht: Die Verbindung besteht nur darin, dass die Partikularismen sich aneinander relativieren. Die Verbindung der pluralisierten Subjekte, das, was sie verbindet, besteht nur in dem Abzug, den sie aneinander erfahren.

Die pluralisierte Gesellschaft birgt kein Versprechen einer gemeinsamen Gesellschaft mehr. Das Minus ist ihr einziges »Versprechen«. Gesellschaft bedeutet also die Verbindung der Unterschiede qua einem Minus. Das ist die Formel, die die Pluralisierung benennt.

Das ist der Effekt der Pluralisierung – ihre »unsichtbare Hand« verwandelt das, was (alte) Gesellschaft war, in die (neue) Begegnungszone. Wird diese abgewehrt, dann wird die Begegnungszone zum Bild des gesellschaftlichen Nicht-Funktionierens. Wird diese aber akzeptiert, das heißt ertragen, dann ist die Begegnungszone das Bild des gesellschaftlichen Funktionierens. Dann könnte die Begegnungszone ein »Raum der Pluralität« sein, wie Hannah Arendt das genannt hat – also ein Raum, wo viele Stimmen in Erscheinung treten, wo sich die unterschiedlichsten Meinungen und Positionen artikulieren.

Das Bild aber, das die Rechten in ihrem Anti-Pc-Feldzug zu

realisieren versuchen, ist das exakte Gegenteil davon. Es ist der Versuch, die Gesellschaft in eine Bühne zu verwandeln, in eine Bühne für Ähnliche – nicht für Lillas abstrakt Ähnliche, die Citoyens, sondern für substanziell Ähnliche. Man muss also festhalten: Ähnlichkeit ist das radikalste Gegenkonzept zur Pluralisierung.

Ist der Modus der Begegnungszone der Konflikt, der ausgetragene, aber eingehegte Konflikt – als »verbindendes« Medium –, so ist der Modus der Re-Homogenisierung der Gesellschaft die Harmonie – eine Harmonie, die sich jedoch erst massiven Ausschlüssen verdankt. Die Kulturkämpfer wollen den Raum des gehegten Konflikts, also den Raum des Austauschs schließen. Sie schließen den Konfliktraum, indem sie an dessen Eingang einen Türsteher stellen, einen Wächter, der den Zugang kontrolliert. Dieser Wächter hat die Form einer Frage. Dieser Wächter fragt: *Wer bist du?* So verwandeln sie den produktiven gesellschaftlichen Konflikt in einen Glaubenskrieg – in ihren sogenannten »Kampf der Kulturen« eben.

Was dabei so hasserfüllt gegeneinander antritt, das sind aber nicht Kulturen. Denn Kultur ist nicht einfach das, was man hat, womit man ident ist. Kultur ist vielmehr auch der Bezug zu seiner eigenen Identität. Kultur ist nicht einfach ein Inhalt, sondern gleichzeitig auch ein Verhältnis. Kultur ist also der Bezug, die Art des Bezugs zur »eigenen« Kultur. In diesem Sinne ist das, was uns trennt, nicht unsere Kultur. Was uns trennt, ist vielmehr die Art, wie wir unsere Kulturen leben. Was uns trennt, ist die Art, wie wir unsere Identität bewohnen. Es ist die Art, wie wir unsere Religion leben. Die wahre Demarkationslinie verläuft also zwischen Pluralismus und Anti-Pluralismus.

Pluralismus ist keine Ansammlung von unterschiedlichen Kulturen und Religionen. Es ist nicht einfach eine Addition, wo etwas Neues zu einem Bestehenden hinzukommt. Pluralisierung ist kein äußerliches Verhältnis. Ob man will oder nicht: Sie verändert alle – alte Einheimische und neue.

Jede Identität steht heute neben anderen Identitäten. Jede Religion steht neben anderen Religionen. Oder neben Atheismus. Die entscheidende Frage ist: Leben wir unsere Religion pluralistisch – also im Wissen darum, dass sie nur eine Möglichkeit unter anderen ist –, oder leben wir sie nicht-pluralistisch? Bewohnen wir unsere Identität offen, als eine Option neben anderen, oder bewohnen wir sie als geschlossene, als abgeschottete Identität? Die entscheidende Frage lautet nicht: *Wer bist du?* Die entscheidende Frage lautet vielmehr: *Wie stehst du zu dem, was du bist?* Wie stehst du dazu, Österreicher, Türke oder Tschetschene zu sein? Wie lebst du dein Christentum, dein Judentum, wie lebst du deinen Islam oder deinen Atheismus? *Das* ist die Frage der pluralisierten Gesellschaft. *Das* ist die Kernfrage unserer Zeit.

Nachwort:
Was tun? Eine Frage als Symptom

Ich kann mich an keine öffentliche Veranstaltung der letzten Zeit erinnern, ob Vortrag, Podiumsdiskussion oder Publikumsgespräch, wo sie nicht auftauchte – die Frage: *Was tun?* Es ist dies die Frage nach einer konkreten Handlungsanweisung, nach einem Rezept. Was tun gegen den Populismus, gegen die Ungerechtigkeit, gegen die Kapitalisierung aller Lebensbereiche? Die Frage ist Ausdruck einer Ratlosigkeit. Vor allem aber ist sie ein Symptom.

Was tun? – das ist die Frage Lenins, der Titel eines seiner bekanntesten Werke. Das Buch ist die Antwort auf seine titelgebende Frage. Es ist eine Anleitung zum »bewussten« Handeln.

Und genau danach wird heute gefragt. Es ist ein doppelter Ruf – ein Ruf nach Rezepten gegen die multiplen Krisen und ein Ruf nach Alternativen, die dieses Handeln leiten sollen. Alternative Gesellschaftskonzepte. Eine neue große Erzählung. Ein neues Narrativ.

Wobei die Sehnsucht nach einer Erzählung nicht nur die Sehnsucht nach Inhalten ist, sondern vor allem die Sehnsucht nach einer Erzählung, die die Leute ergreift. Denn Inhalte, politische oder gesellschaftliche, liegen ja zur Genüge vor. Von der offenen Gesellschaft bis zur *sharing economy*. Aber diese Inhalte packen die Leute nicht. Oder nicht mehr. Weder weisen sie einen Weg, noch eröffnen sie eine Perspektive. Sie beflügeln keine Hoffnungen mehr. Und so bleibt der unerfüllten Sehnsucht nach politischer Hoffnung nur die Frage: *Was tun?*

Slavoj Žižek meinte einmal: Der Traum von einer Alternative sei zu Ende. Wer ihn weiter träume, sei nur zu feige, sich die Alternativlosigkeit, also die Hoffnungslosigkeit einzugestehen. Dieser Traum sei nur ein Fetisch gegen die Ausweglosigkeit. Das ist genau der Punkt: Die Frage *Was tun?* ist ein Fetisch. Eine magische Vorstellung, die die Wirklichkeit verneint. Die Frage *Was tun?* gibt sich der irrigen Hoffnung hin, es gäbe eine Antwort, es gäbe eine konkrete Anleitung. Mehr noch: Diese Frage zielt eigentlich auf das, was auch bei Lenin zentral war: die Versicherung, dass da jemand sei, der weiß, was zu tun ist.

Und genau deshalb, weil diese Frage heute letztlich nicht einfach nach Programmen fragt, sondern nach Personen, die »wissen«, nach Personen, denen man glauben kann, dass sie wissen, dass sie eine Antwort geben können – genau deshalb ist diese Frage symptomatisch. Denn heute heften sich politische Hoffnungen nicht mehr an Ideen, sondern an Personen. Personen, die ein Versprechen für etwas Anderes, für etwas Besseres, für einen Ausweg, für eine Antwort auf *Was tun?* sind. Und jedes Mal, wenn wieder solch eine Person auftaucht, gibt es einen Hype. Obama. Bernie Sanders. Martin Schulz. Macron. To be continued. Und jedes Mal verfliegt der Hype auch wieder. Die Zyklen werden immer kürzer. Und *Was tun?* – bleibt unbeantwortet.

Danksagung

Dieses Buch wurde gewissermaßen an mich herangetragen. Seine Geschichte ist eine Geschichte von Anregungen und Angeboten.

Da war zunächst der Vorschlag, die Sommervorlesungen des Jahres 2016 für den Sender Ö1 des Österreichischen Rundfunks zu halten. Ein sehr großzügiges Angebot: sechs Wochen lang jeweils eine halbe Stunde lang im Radio zu sprechen. Zu einem Thema meiner Wahl. Und so hatte ich plötzlich einen Redakteur, einen wunderbaren Redakteur: Rainer Rosenberg. Von ihm stammte nicht nur das Angebot, sondern auch der Name der Sendung, der auch Titel dieses Buches ist.

Während der Aufnahmen schrieb mir zufälligerweise ein Agent, der meine Kolumnen und Zeitungstexte las, ob ich nicht einmal ein Buch schreiben möchte. Er würde es vermitteln. So kam die Idee auf, aus der Radiosendung ein Buch zu machen. Nun hatte ich also einen Agenten, einen wunderbaren Agenten: Daniel Graf.

Dieser fand auch tatsächlich einen Verlag. Und nun hatte ich plötzlich auch noch einen wunderbaren Verleger, Herbert Ohrlinger, und eine wunderbare Lektorin: Bettina Wörgötter.

In der langen Phase des Schreibens – das weit über die Radiosendungen hinausging – ist dieses Buch dann nicht nur von der neuen, sondern auch von der bestehenden »Bevölkerung« meines Lebens getragen worden. Da gab es die großzügige Unterstützung meiner Söhne Noah und Moritz sowie

217

meines Bruders Daniel Charim. Und da gab es die ausdauernde Unterstützung meiner Freunde Monika Boll, Gerald Eibegger und Doron Rabinovici.

Die Geschichte dieses Buches ist die Geschichte von Leuten, die mich anregten und die mich zugleich auch machen ließen.

Danke.

Anmerkungen

1 Jürgen Habermas: Die postnationale Konstellation und die Zukunft der Demokratie. In: Die postnationale Konstellation, Frankfurt/Main 1998, S. 116

2 Pierre Rosanvallon: Die Gesellschaft der Gleichen, Hamburg 2013, S. 263 ff.

3 Rosanvallon: Die Gesellschaft der Gleichen, S. 47 f.

4 Claude Lefort: L'Invention démocratique. Les limites de la domination totalitaire, Paris 1981, S. 148 f. (Übersetzung I. C.)

5 Louis Althusser: Für Marx, Frankfurt/Main 1968, S. 147 ff.

6 Karl Marx: Zur Kritik der politischen Ökonomie. Einleitung, MEW Bd. 13, Berlin 1971, S. 46

7 Den Hinweis entnehme ich Elisabeth Bronfen, Benjamin Marius: Hybride Kulturen. Beiträge zur anglo-amerikanischen Multikulturalismusdebatte, Tübingen 1997, S. 6

8 Peter Berger: Altäre der Moderne. Religion in pluralistischen Gesellschaften, Frankfurt/Main 2015, S. 17

9 Charles Taylor: Ein säkulares Zeitalter, Frankfurt/Main 2009, S. 788

10 Michael Walzer: Vernunft, Politik und Leidenschaft. Defizite liberaler Politik, Frankfurt/Main 1999, S. 31

11 Ebd., S. 32

12 Helmut Dubiel: Gehegte Konflikte? In: Jürgen Friedrichs, Wolfgang Jagodzinski (Hg.): Soziale Integration, Sonderheft 39 der Kölner Zeitschrift für Soziologie und Sozialpsychologie, Opladen 1999, S. 135

13 Ebd.

14 Taylor: Ein säkulares Zeitalter, S. 816 (Hervorhebung I. C.)

15 Dubiel: Gehegte Konflikte?, S. 135

16 Vgl. dazu Claude Lefort: Fortdauer des Theologisch-Politischen?, Wien 1999

17 Berger: Altäre der Moderne, S. 9

18 Vgl. dazu Saskia Sassen: Die Global City ist ein brutaler Ort
   (Interview). In: WOZ Nr. 25, 21.6.2012

19 Ernst-Wolfgang Böckenförde: Recht, Staat, Freiheit, Frankfurt/Main
   1992, S. 112

20 Rosanvallon: Die Gesellschaft der Gleichen, S. 342

21 Vgl. dazu Jacques Derrida: Der wiederkehrende Freund. In: Politik
   der Freundschaft, Frankfurt/Main 2000

22 Berger: Altäre der Moderne, S. 82

23 Taylor: Ein säkulares Zeitalter, S. 15

24 Berger: Altäre der Moderne, S. 117 ff.

25 Ebd., S. 91

26 Navid Kermani: Schaffen wir das? (Interview). In: Der Spiegel Nr. 4,
   23.1.2016

27 Gilles Kepel: Terror in Frankreich. Der neue Dschihad in Europa,
   München 2016

28 Olivier Roy: La sainte ignorance. Le temps de la religion sans
   culture, Paris 2008

29 Francis Fukuyama: Identität und Migration. Essay. In: perlentaucher,
   8.2.2007 (https://www.perlentaucher.de/essay/identitaet-und-
   migration.html?highlight=francis+fukuyama#highlight, abgerufen
   am 14.10.2017)

30 Vgl. dazu Louis Althusser: Ideologie und ideologische Staats-
   apparate, Berlin 1977

31 Helmut Dubiel: Der Fundamentalismus der Moderne. In: Ungewissheit und Politik, Frankfurt/Main 1994, S. 219

32 Ulrich Beck: Die Erfindung des Politischen. Zu einer Theorie
   reflexiver Modernisierung, Frankfurt/Main 1993, S. 108

33 Andreas Reckwitz: Alles so schön hyper. In: Die Zeit Nr. 51, 8.12.2016

34 Wolfgang Thierse: Das Fremde und das Eigene. In: Frankfurter
   Allgemeine Zeitung, 19.4.2016

35 Zygmunt Bauman: Leben in der Diaspora. In: Isolde Charim,
   Gertraud Auer Borea d'Olmo (Hg.): Lebensmodell Diaspora. Über
   moderne Nomaden, Bielefeld 2012, S. 98

36 Naika Foroutan: Was heißt postmigrantisch? In: Berliner Zeitung,
   12.12.2014

37 Vgl. dazu Danny Michelsen, Franz Walter: Unpolitische Demokratie.
   Zur Krise der Repräsentation, Frankfurt/Main 2013

38 Ivan Krastev: No Satisfaction Machines. In: IWMpost 103,
   January–March 2010

39 Ingolfur Blühdorn: Simulative Demokratie. Neue Politik nach der postdemokratischen Wende, Frankfurt/Main 2013

40 Pierre Rosanvallon: Das Parlament der Unsichtbaren, Wien 2015, S. 18

41 Rudolf Speth: Nation und Emotion. Von der vorgestellten zur emotional erfahrbaren Gemeinschaft. In: Ansgar Klein, Frank Nullmeier (Hg.): Masse-Macht-Emotion, Opladen/Wiesbaden 1999, S. 292

42 Philipp Sonderegger: Kundgebung heißt jetzt Flashmob. In: PHSBLOG.AT, 14.1.2013 (http://phsblog.at/kundgebung-heist-jetzt-flashmob/, abgerufen am 17.10.2017)

43 Ijoma Mangold: Max Weber. Politik als Beruf. In: Die Zeit Nr. 6, 2.2.2012, S. 2

44 Rosanvallon: Das Parlament der Unsichtbaren, S. 28

45 Didier Eribon: Rückkehr nach Reims, Frankfurt/Main 2016, S. 125

46 Ebd.

47 Jan-Werner Müller: Was ist Populismus? Ein Essay, Frankfurt/Main 2016, S. 19

48 Lawrence Goodwyn: The Populist Moment. A short history of the agrarian revolt in America, Oxford 1978

49 Helmut Dubiel: Das Gespenst des Populismus. In: Helmut Dubiel (Hg.): Populismus und Aufklärung, Frankfurt/Main 1986, S. 47

50 Peter Sloterdijk: Zorn und Zeit. Psychopolitischer Versuch, Frankfurt/Main 2008

51 Albert O. Hirschman: Wieviel Gemeinsinn braucht die liberale Gesellschaft? In: Leviathan, Zeitschrift für Sozialwissenschaften, Heft 2, Wiesbaden Juni 1994

52 Dubiel: Gehegte Konflikte?, S. 134

53 Ebd.

54 Walzer: Vernunft, Politik und Leidenschaft, S. 76

55 Dubiel: Das Gespenst des Populismus, S. 41

56 Eribon: Rückkehr nach Reims, S. 124

57 Vgl. dazu Étienne Balibar: Gleichfreiheit. Politische Essays, Frankfurt/Main 2012

58 Georg Seeßlen: Heimat, Volk und Elite. In: die tageszeitung, 12.4.2017, S. 17

59 Michael Kronauer: Inklusion/Exklusion. Kategorien einer kritischen Gesellschaftsanalyse der Gegenwart. In: Ilker Ataç, Sieglinde Rosenberger (Hg.): Politik der Inklusion und Exklusion, Göttingen 2013, S. 22

60 Rosanvallon: Die Gesellschaft der Gleichen, S. 251

61 Dubiel: Das Gespenst des Populismus, S. 42

62 Armin Nassehi: Früher war mehr Glanz. In: Die Welt, 17.12.2016

63 Rosanvallon: Das Parlament der Unsichtbaren, S. 28

64 Vgl. dazu Amanda Taub: The rise of the American authoritarianism.
In: Vox.com, 1.3.2016 (https://getpocket.com/explore/item/the-rise-of-american-authoritarianism-1210889167, abgerufen am 20.10.2017)

65 Émile Durkheim: Die elementaren Formen des religiösen Lebens, Frankfurt/Main 1981 (1994), S. 293

66 Taylor: Ein säkulares Zeitalter, S. 18 ff.

67 Eribon: Rückkehr nach Reims, S. 137

68 Dubiel: Das Gespenst des Populismus, S. 48

69 Eribon: Rückkehr nach Reims, S. 125

70 Ebd., S. 129

71 Vgl. dazu Samuel Philipps Huntington: Kampf der Kulturen. Die Neugestaltung der Weltpolitik im 21. Jahrhundert, München 1998

72 Vgl. dazu Michel Foucault: Vom Licht des Krieges zur Geburt der Geschichte, Berlin 1986

73 Rosanvallon: Die Gesellschaft der Gleichen, S. 312

74 Ebd.

75 Matthias Dusini, Thomas Edlinger: In Anführungszeichen. Glanz und Elend der Political Correctness, Frankfurt/Main 2012, S. 26

76 Dusini, Edlinger: In Anführungszeichen, S. 27

77 Fabian Ludwig: Für einen Neandertaler wäre auch Žižek ein »Schneeflöckchen«. So what? Die Steinzeit ist vorbei. In: WOZ, Die Wochenzeitung Nr. 25, 22.6.2017

78 Mark Lilla: The End of Identity Liberalism. In: New York Times, 18.11.2016 (deutsch: Identitätspolitik ist keine Politik. In: Neue Zürcher Zeitung, 26.11.2016)

79 Elisabeth Raether: Was macht die Autoritären so stark? Unsere Arroganz. In: Die Zeit Nr. 33, 18.8.2016

80 Eribon: Rückkehr nach Reims, S. 118

81 Silja Häusermann: Der Preis des Erfolgs. In: Neue Zürcher Zeitung, 15.2.2017

82 Ludwig: Für einen Neandertaler wäre auch Žižek ein »Schneeflöckchen«

83 Gunnar Hindrichs: Philosophie der Revolution, Berlin 2017, S. 322, Fußnote 41

84 Mark Lilla: Wir müssen nationale Gefühle kultivieren (Interview). In: Der Standard, 24.1.2017

85 Jan-Werner Müller: Verfassungspatriotismus, Berlin 2010, S. 66